CW01676878

FRED CONSTANT

LE MULTICULTURALISME

DOMINOS
Flammarion

FRED CONSTANT.

Professeur des universités, Fred Constant est agrégé de science politique. Après avoir enseigné à l'Institut d'études politiques de Strasbourg, il poursuit actuellement sa carrière à l'université des Antilles et de la Guyane ainsi qu'à l'Institut d'études politiques d'Aix-en-Provence où il est chargé de cours. Ses recherches portent sur la régulation politique des conflits sociaux ainsi que sur les ressorts de l'action collective dans les démocraties multiculturelles et les sociétés multiethniques.

Parmi ses récentes publications :
Les Démocraties antillaises en crise (avec Denis Martin), Karthala, 1996.
La Citoyenneté, Montchrestien, 1998.
Politique et développement dans les Caraïbes (co-dir.), L'Harmattan, 1999.

Pour George et Neil.

« Vivre seul et libre comme un arbre
et fraternellement comme une forêt.
Cette nostalgie est la nôtre. »

Nazim Hikmet.

ISBN : 2080357050
Imprimé en France

SOMMAIRE

La première fois qu'apparaît un mot relevant d'un vocabulaire spécialisé, explicité dans le glossaire, il est suivi d'un *

Avant-propos

Dans le débat contemporain sur l'intégration*, un nouveau terme hante les intellectuels et mobilise les professionnels de la politique : le multiculturalisme. La simplicité de son étymologie, qui renvoie à «multi» et à «culturel», tend, de prime abord, à en faire un mot innocent et purement descriptif, à l'exemple de la définition qu'en donne *Le Petit Robert* : «coexistence de plusieurs cultures dans un même pays». Un échantillon assez large de métaphores anglo-saxonnes d'usage courant se rattache à ce terme : de la société «macédoine» (*salad bowl*) à la collectivité «mosaïque» (*glorious mosaic*), de la formation «kaléidoscope» (*kaleidoscop*) à la nation «arc-en-ciel» (*rainbow society*).

Sorti du dictionnaire, le substantif se charge pourtant fortement, dans la vie sociale, en densité idéologique et polémique. D'où la difficulté de savoir exactement de quoi l'on parle quand on emploie ce mot dont la sollicitation par divers courants d'opinion (des différentes familles de la droite aux diverses tendances de la gauche, des communautariens* aux libéraux*, des nationalistes aux régionalistes, des féministes aux environnementalistes) et la diffusion dans l'espace (de l'Amérique du Nord à l'Europe, à l'Ouest comme à l'Est) viennent encore aggraver l'ambiguïté de la signification. Selon que l'on se trouve au Canada, en Australie, en Afrique du Sud ou aux États-Unis, le même vocable ne désigne ni des réalités comparables ni des aspirations identiques. Il a au contraire des usages contradictoires et des sens incorporés qui font partie d'un ensemble idéologique et polémique ; d'où le fait que l'emploi, sinon la simple allusion au mot, en particulier en France, est elle-même un objet de conflit.

Cette visibilité croissante de la « question multiculturelle » à l'échelle internationale est, indépendamment de la variété des situations de chacun des pays concernés, liée à la conjonction de plusieurs phénomènes. Tout d'abord, la redécouverte de la diversité culturelle et identitaire dans un monde où celle-ci acquiert de plus en plus d'importance pour des groupes d'origine et de style de vie* différents, contraints à trouver un mode de cohabitation. On serait ainsi passé d'une société monoculturelle – marquée par l'image parfaite de l'unité d'un peuple, d'une langue, d'une culture qui épouse les frontières d'un territoire – à une société multiculturelle – caractérisée par l'éclatement du modèle stato-national et l'affirmation d'une fragmentation culturelle et identitaire. Une telle évolution annoncerait le déclin de la société industrielle et l'avènement de la société postindustrielle ou encore le dépassement de la société moderne au profit d'un type de société qualifiée de postmoderne. Certains y voient aussi la victoire irrésistible de l'économie de marché et de la démocratie libérale et pluraliste, entérinée depuis la chute du mur de Berlin et le démantèlement des régimes communistes.

Un autre phénomène qui met en évidence le problème du multiculturalisme est le renouvellement de la question sociale corollaire à l'ère postindustrielle, lequel place la culture au cœur des demandes communautaires dont la portée politique devient considérable. On assisterait ainsi à un déplacement dans le champ culturel et identitaire de la résolution des tensions socio-économiques globales. Selon cette hypothèse, les inégalités sociales tendent, de plus en plus, à s'exprimer en termes identitaires quand elles ne recoupent pas directement les lignes de clivages ethniques ou culturels des sociétés concernées. À l'image de ces conflits du travail qui s'allient à des réclamations identitaires, l'appartenance ethnique et culturelle est de plus en plus utilisée comme une ressource politique dans les négociations collectives. D'où notre interprétation « centripète » de cette fièvre identitaire qui, loin d'annoncer la dislocation irrémédiable des sociétés contemporaines, n'est rien d'autre, dans la plupart des cas, qu'une mise en forme ethnique et culturelle de revendications fondamentalement *égalitaristes.*

Enfin, la crise de l'État-providence et de ses corollaires normatifs, l'affaiblissement des institutions centrales de la cohésion sociale – de la famille à l'école en passant par le travail – diminuent grandement la crédibilité de la promesse faite aux citoyens d'une appartenance à la société obtenue grâce à la garantie de droits sociaux et à l'adhésion à des normes culturelles réputées universelles. Cette remise en cause de la protection sociale et du jeu de la solidarité nationale affecte au premier chef les non-nationaux – des travailleurs étrangers aux réfugiés économiques et/ou politiques –, laissés pour compte, dans des collectivités tentées par des formes, plus ou moins déguisées, de préférence nationale. L'importance des populations issues de l'immigration et la présence croissante de non-citoyens dans les sociétés contemporaines soulèvent, en des termes très aigus, le problème de l'appartenance et de la participation concrètes de ces minorités* à la vie des collectivités concernées.

Dans l'univers des sciences sociales, il existe aujourd'hui un volume considérable de travaux qui portent sur la question multiculturelle. La diversité des questions posées se conjugue avec celle des expériences historiques, des traditions intellectuelles et des démarcations disciplinaires. Trois orientations majeures se dégagent nettement, même si elles sont parfois associées par certains auteurs. D'un côté, les philosophes (Michael Walzer, Charles Taylor, Jürgen Habermas ou John Rawls) privilégient les discussions éthiques, fondées sur le principe du «devoir être» (*sollen*) plutôt que sur «ce qui est» (*sein*). Leur réflexion consiste en des spéculations normatives (« La quête du "bien" doit-elle l'emporter sur celle du "juste" ?», «Comment penser "l'égalité" aujourd'hui en la réconciliant avec les "différences" ?») plus ou moins séparées des réalités concrètes. De l'autre, les historiens et sociologues (de Ronald Takaki à Nathan Glazer, d'Alain Touraine à Denis Lacorne) allient leurs regards critiques pour favoriser une approche généalogique de la diversité culturelle et identitaire contemporaine ainsi que de ses multiples manipulations sociales et politiques. Ils illustrent à l'envi combien cette multiplicité est avant tout et à la fois une construction sociale – historiquement déterminée et géographiquement délimitée – et un enjeu de pouvoir entre des groupes concurrents, érigés en communautés.

Enfin, les juristes et/ou politologues (Will Kimlicka, John Rex, Norbert Rouland) situent leurs analyses au plan d'articulation de la société civile et du pouvoir politique et étudient l'éventail des solutions juridico-politiques relatives aux droits et devoirs reconnus aux minorités, ainsi qu'aux usages sociaux et politiques auxquels ceux-ci donnent lieu.

Comment vivre ensemble avec nos différences, à la fois libres et égaux, sans pour autant renoncer au partage de références communes ? Cette question faussement simple traverse la plupart des conflits sociaux d'expression culturelle qui marquent nos démocraties postindustrielles. La première partie de cet ouvrage s'attache principalement à en déjouer les pièges, des caricatures de la polémique aux carences de l'information, des déficiences de l'analyse à la confusion des terminologies, des stéréotypes tenaces au déni de la réalité. Il s'agit ainsi de dessiner le cadre et les orientations d'une définition raisonnée du multiculturalisme susceptible d'offrir une base de discussion saine sur sa valeur. À partir de ce travail de clarification conceptuelle, la seconde partie aborde les controverses nouées autour des prétentions de cette doctrine multiculturelle afin d'atténuer ou de venir à bout des effets du *malaise de la modernité*, pour reprendre le titre d'un essai du philosophe canadien Charles Taylor. Après un examen des arguments concurrents à l'épreuve des faits, nous tenterons de démontrer comment la contradiction souvent postulée par le courant de pensée dominant entre diversité culturelle et unité sociale peut aujourd'hui être dépassée.

Du phénomène social à l'idéal démocratique

UN EXPOSÉ

Généalogie d'un nouveau credo

La fortune d'un mot

La circulation croissante des idées dans le monde (comme celle des hommes et des marchandises) est une réalité que personne ne peut contester aujourd'hui. Doctrines et croyances mais aussi théories et paradigmes se déplacent d'un continent à l'autre en recevant dans chaque pays des significations particulières. Le multiculturalisme n'échappe pas à cette évidence à laquelle la mondialisation* confère une intensité plus forte. Que peut-on entendre aujourd'hui par ce mot porté par l'air du temps ? L'apparition du terme dans les années 60 n'est pas fortuite. En tant que construction sociale, elle signale à la fois l'émergence d'un nouveau problème dans la réalité sociale – l'explosion des identités* culturelles ainsi que l'affirmation des différences – et la promotion d'une solution – la nécessité de prendre cette diversité en considération dans le gouvernement des hommes. Une telle solution est elle aussi construite dans un ensemble polémique : elle est elle-même un objet de conflit ; en l'occurrence, entre assimilationnistes* et différentialistes*. Dans des termes propres à chaque pays, le multiculturalisme cristallise alors un projet politique qui allie au moins deux idées essentielles : d'une part, la nécessité de ne plus refouler l'expression des différences *civiles* dans la seule sphère du privé mais, au contraire, de leur garantir une place dans l'espace public et une représentation dans les institutions politiques ; d'autre part, la volonté d'accorder plus de droits aux minorités en tant que telles pour compenser les inégalités dont leurs membres pourraient être victimes dans les sociétés modernes.

Probablement lancé pour la première fois au Canada, en 1965, dans le cadre d'un programme politique explicite (*Report of the Royal Commission on Bilingualism and Biculturalism*) qui vise à apaiser les tensions entre francophones et anglophones ainsi qu'à intégrer le bilinguisme dans la fédération, le concept de multiculturalisme recouvre alors un idéal politique – la défense et la promotion de la diversité culturelle des Canadiens comme devoir d'État.

Dans le monde anglo-saxon, il faut cependant attendre les années 80 pour enregistrer la généralisation de l'usage du terme « multiculturalisme » dans une perspective tantôt descriptive – qualifiant à la fois des revendications sociales et des programmes d'action publique –, tantôt doctrinale – comme catégorie intellectuelle qui désigne un idéal politique. Selon Nathan Glazer, les occurrences du mot dans les grands journaux américains se sont multipliées au tout début des années 90, moment où il commence aussi à apparaître dans les rayons des librairies, les classifications des bibliothèques, les dictionnaires et, au-delà, dans le vocabulaire politique. Les hommes d'État rivalisent en effet d'ingéniosité pour s'approprier le terme, à l'exemple du président des États-Unis, Bill Clinton, avec sa savoureuse métaphore du *multicultural melting-pot**.

Rien de tel en France où le multiculturalisme semble être, sur fond d'antiaméricanisme, un concept tabou. Non pas que le terme n'y soit pas employé, mais son usage est plus récent et ses connotations sont souvent péjoratives. À l'exception notable du *Petit Robert* où il entre dès 1971, on ne le trouve dans aucune des éditions de dictionnaires des années 80, pas plus d'ailleurs que dans l'*Encyclopaedia Universalis* et *Le Grand Larousse* où il n'apparaît qu'en 1994. La littérature française n'offre pas, en 1999, plus de dix titres qui abordent plus ou moins directement la question, et les revues ou la presse hebdomadaire s'en saisissent souvent pour en dénoncer les dérives américaines et l'inadaptation à la société française. Pourtant, le terme ne laisse pas indifférent. Il suscite débats et controverses. À des rythmes certes différents, sa diffusion progresse même là où il est rejeté sans appel par ceux qui en ignorent souvent les principes et le contenu concret.

Les promesses d'un idéal

Comment les sociétés démocratiques, dont le principe de base est le traitement égal de tous les citoyens, peuvent-elles reconnaître des identités différentes ? Des groupes, qui forment ou non des communautés, qui se distinguent par des convictions philosophiques, religieuses ou morales ainsi que par des spécificités culturelles, des modes de vie, coutumes ou pratiques sexuelles, vivent aujourd'hui sur un même territoire. Quels principes politiques pourraient régir leur coexistence tout en reconnaissant leurs identités différentes ?

Contrairement au modèle assimilationniste – jadis triomphant par la force évocatrice de ses métaphores, du creuset français au *melting-pot* américain – qui prône la cohésion sociale au moyen de la réduction des différences et de leur cantonnement dans la vie privée, l'idéal multiculturaliste repose sur des mécanismes politiques qui visent à assurer l'harmonie sociale au moyen de la prise en compte des différences et du respect des identités. Malgré la variété de ses énoncés d'un continent à l'autre et d'un pays à l'autre, trois idées centrales au moins en forment la matrice idéologique. Premièrement, l'affirmation de la richesse de la diversité culturelle et l'adhésion sans nuance au relativisme culturel : tout est culturel et les cultures se valent car aucune d'entre elles ne peut se prétendre supérieure ou universelle. Deuxièmement, la nécessité d'approfondir l'idéal démocratique lui-même en préconisant le passage de la simple tolérance* des différences dans la sphère privée à leur pleine et entière reconnaissance dans la vie publique, celle-ci pouvant aller jusqu'à l'octroi de droits collectifs spécifiques à certaines minorités. Troisièmement, la quête du « bien commun » et du « juste » – l'orientation morale de chaque société – doit impérativement prendre en compte les conceptions éthiques concurrentes des différentes communautés qui vivent sur un même territoire.

À partir de cette plate-forme commune, l'idéal multiculturaliste se conjugue avec originalité – au sein des pays qui en ont adopté la philosophie – en fonction des différentes finalités qui lui sont assignées et selon les réalités culturelles et les contextes politiques respectifs.

Les multiples facettes d'un phénomène complexe

Dans l'univers des sciences sociales, le multiculturalisme a fait l'objet de nombreuses définitions liées à des prises de position divergentes. Il s'agit moins ici de les passer en revue que d'en proposer une synthèse ordonnée autour des différents aspects du concept. Dans cette perspective, on distingue généralement au moins quatre caractéristiques étroitement liées. En premier lieu, la dimension phénoménologique qui confère au multiculturalisme une portée principalement descriptive. Le terme désigne alors un processus de *caractérisation* des institutions et des comportements sociaux. On parle ainsi de multiculturalisme *sociologique* comme on a pu parler d'individualisme sociologique pour qualifier un état de la morphologie sociale et un type de relation sociale. Dans cette acception, la plus courante, il signifie la coexistence de groupes ethniques, culturels et religieux différents dans une même société. C'est en ce sens qu'on l'emploie aussi comme adjectif, une société multiculturelle étant alors définie comme une collectivité qui regroupe plusieurs cultures. De ce point de vue, personne ne peut contester le titre, en forme de constat ironique, du livre de Nathan Glazer (*We are All Multiculturalists Now*), lequel prend acte d'une diversification culturelle et identitaire croissante de nos sociétés modernes de fait multiculturelles.

En second lieu, le terme désigne une réalité qui va bien au-delà du simple constat ethnographique ou de l'essai de caractérisation sociale. Il est avant tout une construction idéologique, articulée autour d'un ensemble plus ou moins cohérent de propositions normatives, qui tend à promouvoir une vision alternative du « bien commun » et du « juste » dans l'intérêt bien compris de nos sociétés modernes pluriculturelles. C'est en ce sens que l'on parle de multiculturalisme *éthique*, *philosophique* voire *politique*, si l'on veut bien distinguer ces différents niveaux qui sont souvent confondus dans le discours non savant parce qu'ils militent, chacun à leur manière, en faveur d'un « mieux-être » et d'un « mieux-vivre ». Sur le plan éthique, le multiculturalisme s'inscrit dans la quête d'un idéal d'authenticité, tandis que, sur le plan philosophique, il modernise l'idéal d'égalité en le combinant avec le puissant appel des identités. Saisi par la politique, le terme désigne une démocratie pluriculturelle idéale, organisée autour de mécanismes de participation qui garantissent la possibilité, pour des individus et des groupes qui se réclament d'une identité culturelle particulière, de coexister en toute harmonie avec d'autres individus et d'autres groupes, lesquels revendiquent des identités différentes. C'est pourquoi il s'affirme aujourd'hui comme un enjeu politique majeur, au nom duquel des hommes et des femmes militent pour réformer les mécanismes, institutions, normes et valeurs dominants, afin de les adapter aux «manières d'être» et aux «vues sur le monde» des diverses communautés membres d'une même société.

Le multiculturalisme désigne aussi, selon une troisième acception, un ensemble d'orientations de *l'action publique* qui traduit, dans la réalité concrète, l'idéal éthique ou philosophique véhiculé par ce concept. On passe ainsi de la théorie politique de l'État multiculturel à l'examen de la spécificité des politiques publiques qui en sont l'expression matérielle. Elles forment un éventail de programmes préférentiels – des «actions positives» américaines (*affirmative action**) aux «discriminations à rebours» (*reverse discriminations*), de la «police du langage» (*political correctness*) à différents attirails de mesures qui visent à «avantager les désavantagés» – destinés à compenser le poids des inégalités subies par certaines minorités ethniques, culturelles, sexuelles, religieuses ou autres. On peut ainsi recenser les pays qui ont adopté ce type de programmes d'actions ou de mesures publiques, comparer leurs expériences de traitement national des différences et évaluer le niveau de performance atteint au regard des objectifs fixés. Les politiques multiculturalistes fournissent alors un objet d'étude particulièrement intéressant dans la mesure où il permet de passer des spéculations philosophiques à l'analyse empirique des prétentions de l'idéal politique auquel elles donnent ainsi corps.

En dernier lieu, le multiculturalisme est le principe d'un processus d'*explication* : il désigne une problématique et une manière de concevoir des réponses à des questions de recherche. Le multiculturalisme « épistémologique » ou « méthodologique » se distingue nettement des trois premières définitions précédemment évoquées puisqu'il est ici un attribut du chercheur. Il ne caractérise pas le processus étudié mais la méthode qui guide l'analyse. C'est pourquoi il ne se confond pas, en principe, avec une entreprise de légitimation d'institutions ou de valeurs, à l'exception de celles qui lui sont intrinsèquement liées. Les épistémologues « multiculturalistes » élaborent des études historiques qui réévaluent les représentations dominantes de telle ou telle œuvre canonique. Parce qu'ils tentent de transposer la notion de relativisme culturel dans le champ de l'activité scientifique et de son évaluation, ils ouvrent la voie à un ensemble de révisions critiques qui contestent l'universalité postulée des instruments de connaissance, des théories aux paradigmes, des concepts aux modèles.

La révolution multiculturelle

Le déclin des idéologies, la régionalisation de la planète, dorénavant scindée en civilisations concurrentes, l'accélération de la mondialisation, la décomposition des sociétés nationales ainsi que l'installation durable des populations issues de l'immigration ont brouillé nos repères traditionnels. De ce mouvement contradictoire d'unification et de fragmentation, se dégage l'affirmation croissante d'un phénomène remarquable : la renaissance des identités communautaires, ethniques, culturelles et religieuses. Le multiculturalisme découle directement de cette explosion du « marché des identités » qui en est le soubassement sociologique. L'image d'un monde partagé entre des États-nations souverains, qui conjuguerait parfaitement unité territoriale, unité culturelle et unité linguistique, apparaît désormais, à l'épreuve des faits, illusoire. On a pu estimer à moins de dix les pays qui restent relativement homogènes, sachant que, dans la moitié d'entre eux, l'ethnie dominante ne représente que les trois quarts de la population.

À défaut de pouvoir et/ou de vouloir s'identifier aux valeurs officielles d'un modèle politique qui les tient en marge de la société, certains groupes ethniques ou religieux, érigés en communautés organisées ou non, tendent à faire de leur expérience particulière un univers significatif en soi. Ils manipulent en ce sens leurs différents cercles d'appartenances religieuse, culturelle ou territoriale. Selon Jean Leca, la révolution multiculturelle, qui consacre le déclassement du modèle de la citoyenneté universaliste, se caractérise par l'affirmation d'un ensemble de « groupes prescrits, reconnaissables par un marqueur social indélébile, dont, en droit ou en pratique, les membres ne peuvent se retirer, sur la base de l'association volontaire ». Ces communautés seraient « dotées de "styles de vie" et de lois propres », ne dériveraient pas de « la division du travail, même s'il se peut que celle-ci assigne à un groupe culturel une position unique dans la stratification sociale et la distribution des chances de vie », et elles revendiqueraient « un droit à la reproduction de leur style de vie » ainsi qu'à « la politisation, c'est-à-dire à porter sur la scène publique des revendications liées à des affiliations particulières ». Dans cette perspective, il convient d'examiner les manifestations contemporaines de cette prolifération de revendications formulées en termes culturels avant d'examiner leurs déterminants sociaux et politiques. Dès lors, on pourra se pencher sur les différents modèles nationaux de traitement de la diversité culturelle et identitaire.

La prolifération des identités concurrentes

On distingue au moins trois vagues dans le développement contemporain des identités culturelles. La première, qui couvre la période des années 60 aux années 80, relève d'un *ethnical revival*, pour reprendre la formule d'Anthony Smith. Apparue progressivement dans des sociétés industrielles qui conjuguent avec insouciance croissance économique et progrès social, elle connaît une étonnante diversité phénoménologique. Des Indiens des Amériques (au Canada, aux États-Unis mais aussi au Brésil et au Mexique) aux *Bush negroes* du plateau des Guyanes, en passant par les Aborigènes d'Australie et les minorités tsiganes d'Europe, on assiste à la mobilisation de populations, autochtones ou non, dominées à la fois politiquement et culturellement et ayant parfois connu la colonisation, qui s'éveillent à une conscience ethnopolitique et partent en quête d'un nouvel idéal de reconnaissance. Dans plusieurs pays européens, des mouvements régionalistes qui contestent l'État-Nation sous ses différentes formes et se réclament d'une Europe des régions sont apparus avec force. Ils ont pour principe la réactivation de particularismes culturels comme la relance d'une langue ou la mémoire de traditions ancestrales.

Aux États-Unis, le mouvement des droits civiques des années 60 qui s'inscrit dans la logique de l'assimilation et a pour but de garantir à la minorité noire une égalité des chances* se solde par un échec. À défaut d'une intégration citoyenne pleine et entière, les groupes minoritaires se tournent alors vers leurs origines ethniques dont ils prennent une conscience nouvelle. Cette fierté raciale (*race pride*) se traduit par la généralisation de la « double allégeance » des Américains à leur culture ethnique et à leur nation, désormais symbolisée par l'usage courant du préfixe d'appartenance : *African-American*, *Native-American*, *Jewish-American*, *Irish-American*, *German-American*, etc.

La deuxième vague, qui correspond à la période des années 80 aux années 90, est marquée par l'installation des sociétés postindustrielles dans une crise économique durable et par une exacerbation des inégalités sociales. L'ampleur de la ségrégation résidentielle ainsi que l'apparition ou la progression de grandes poches de misère au cœur des cités les plus riches touchent directement des populations « ethniques » déjà stigmatisées, et susceptibles de verser dans une racialisation des rapports sociaux. En Europe occidentale, l'immigration constitue un enjeu politique de premier plan qui mobilise plusieurs questions sociales, parmi lesquelles l'exclusion et le problème de la coexistence des différents modes de vie. Les populations immigrées tendent à chercher en elles-mêmes un sens et une unité qu'elles ne trouvent pas dans les normes d'une société qui les rejette. Elles affirment de plus en plus leur identité en se réclamant de leurs appartenances communautaires, lesquelles, à la différence des institutions, ne sont pas fondées sur la raison mais sur la tradition.

Michel Wieviorka identifie deux types de logique à l'œuvre dans les revendications identitaires.

D'une part, celle de la reproduction culturelle : «Les immigrés, rejetés socialement et victimes du racisme, reproduisent leur culture d'origine qui constitue alors une ressource symbolique en même temps qu'économique, dans la mesure où elle fonde des réseaux commerciaux ou d'entraide, ou bien encore [...] un *ethnic business.*» D'autre part, celle de la production culturelle : «Les enfants ou petits-enfants d'immigrés [...] se dotent d'une culture propre, plus ou moins faite de matériaux bricolés à partir de supposées traditions ou origines.» En France, certains jeunes d'origine maghrébine se réfèrent ainsi à un islam qui n'a plus beaucoup de rapport avec les pratiques religieuses souvent déclinantes de leurs parents. Notons que ces mobilisations ethniques juxtaposent plus qu'elles n'unissent la revendication d'égalité ou de participation et la demande de reconnaissance et de dignité.

La troisième vague, qui débute dans les années 90, correspond à l'hypothèse de l'entrée des sociétés occidentales dans une ère nouvelle, marquée par la célébration de la diversité culturelle et identitaire ainsi que par la mise en forme culturelle des conflits sociaux. La glorification de la diversité culturelle se manifeste sous la forme de pratiques sociales – souvent consuméristes et urbaines – qui valorisent les formes anthropologiques d'expression identitaire dans des domaines aussi divers que la cuisine (attrait pour la cuisine ethnique), la musique (explosion internationale de la *World Music*), les styles vestimentaires et la religion (fascination pour les «religions venues d'ailleurs»). Des modes se succèdent et renouvellent le succès d'un marché du multiculturalisme en plein essor. Ces pratiques sociales induites par la diversité culturelle et identitaire correspondent à une manière superficielle de vivre le multiculturalisme au quotidien, laquelle mêle volonté d'évasion et désir d'authenticité.

De telles dynamiques individuelles débouchent parfois sur des revendications sociales plus lourdes qu'il s'agit maintenant d'évoquer. De la base au sommet de l'échelle sociale, de la gauche à la droite des alignements idéologiques, les mouvements sociaux semblent traversés par une même quête de reconnaissance et de dignité. Cette tendance au repli communautaire est souvent interprétée de manière erronée : loin d'une volonté de reconstituer des cercles clos, elle répond davantage à un besoin de repères identitaires, particulièrement ressenti dans des sociétés où le risque d'anonymat et d'isolement est bien présent.

Des « styles de vie » à la quête égalitaire

Les interprétations de cette révolution multiculturelle les plus communément avancées distinguent au moins trois niveaux complémentaires d'analyse. Tout d'abord, les pratiques multiculturelles sont perçues comme des expressions parmi d'autres de la transformation des manières quotidiennes de vivre et de consommer. Ensuite, elles peuvent être envisagées comme la marque d'une nouvelle ritualisation de la vie sociale corollaire à la promotion d'identités d'autant plus absolutisées qu'elles sont artificielles. Enfin, ces pratiques sont parfois analysées comme des demandes égalitaires formulées au nom de la différence.

Ces grilles de lecture s'articulent respectivement autour de trois concepts majeurs : style de vie, ethnicité* symbolique et ethnicité instrumentale. Placé au centre de la sociologie de la vie quotidienne, le premier d'entre eux (*life style*) est apparu, sur fond d'affaiblissement de la culture de classe, en association avec la notion de mode de vie* (*way of life*). Selon une première hypothèse, l'homogénéisation des modes de vie (ensemble des individus réalisant la même activité) irait ainsi de pair avec la diversification des styles de vie (ensemble des activités que réalise un individu), la célébration quotidienne de la diversité culturelle et identitaire débouchant alors sur les pratiques urbaines de consommation précédemment évoquées, extrêmement variables d'un individu à l'autre, à l'échelle d'une ville ou d'un pays.

Avec le concept d'ethnicité symbolique, l'analyse gagne en profondeur. À ce stade de la révolution multiculturelle, la conscience de soi donne lieu à des formes collectives de réclamation identitaire. Cette notion marque le passage d'une polyappartenance culturelle – individuelle, superficielle et ornementale – à une délimitation et une défense communautaire de frontières socioculturelles naturalisées, dans le but d'affirmer une identité menacée par des forces de répression ou par des manœuvres d'assimilation. Dans la plupart des cas, ces pratiques associatives, qui donnent corps à l'idée d'un multiculturalisme symbolique, sont le fait des segments sociaux les plus favorisés – économiquement et politiquement – des groupes ethniques minoritaires d'une population donnée. Leur ressort principal est la crainte d'une perte d'identité, laquelle risquerait d'être diluée dans celle d'un ensemble plus grand. D'où l'importance que revêt à leurs yeux la notion de pluralisme et la reconnaissance symbolique de leur existence au sein de la société. Il ne s'agit pas ici d'une revendication, claire et directe, de contrôle ou d'accès au pouvoir politique ; ce qui importe aux groupes ethniques concernés est plutôt d'être pleinement reconnus au lieu d'être simplement tolérés.

Parmi d'autres exemples, la célébration de l'Afrique noire par l'élite africaine-américaine est une illustration précieuse du concept d'ethnicité symbolique. Dans le contexte de la quête des racines des années 70 et de la redécouverte par les Américains de couleur de leurs origines africaines, on a assisté à un mouvement « d'africanisation » des styles de vie de la part de cette sous-population américaine. Des modes vestimentaires aux goûts culinaires, de la musique à la danse sans oublier la littérature avec le succès du livre *Roots* d'Alex Haley, il était alors de bon ton d'afficher un certain afrocentrisme*. Aujourd'hui, il existe aux États-Unis un véritable marché constitué autour de cette mémoire africaine qui s'adresse à un ensemble hétérogène de personnes, le plus souvent socialement intégrées, mais qui ne sont pas nécessairement unies par des intérêts convergents ou une vision politique commune.

En passant de l'ethnicité symbolique à l'ethnicité instrumentale, l'analyse se déplace de la quête identitaire – dont les ressources sont d'ordre symbolique – vers la lutte pour l'égalité – laquelle s'accomplit au niveau politique. En dévoilant ainsi une autre dimension de la révolution multiculturelle, la recherche permet d'accéder au processus générique de la manipulation politique des réclamations identitaires et des appartenances culturelles. Dans cette perspective, l'origine ethnique est utilisée comme une ressource politique dans la compétition pour le pouvoir. Elle ne perd pas pour autant sa dimension symbolique mais celle-ci est clairement mise au service d'un calcul stratégique. L'ethnicité devient instrumentale à partir du moment où elle sert avant tout une ambition de pouvoir formulée au nom de la différence par une élite ethnique, qu'il s'agisse de revendications égalitaristes (le plus souvent), ou de menées sécessionnistes (beaucoup plus rarement). Dans une société donnée, il arrive ainsi qu'un groupe ethnique, dispersé ou mélangé à d'autres, brandisse sa différence pour revendiquer certains droits individuels et collectifs – droits de l'homme et droits culturels, droits politiques et économiques.

L'exemple du mouvement des jeunes d'origine maghrébine qui s'est développé dans la France des années 80 apparaît sur ce point particulièrement éclairant. Il s'agissait à la fois d'une demande égalitaire et participative (« Nous voulons être traités comme des Français à part entière ») ainsi que d'une mobilisation ethnoculturelle qui visait à réclamer le respect dû à une culture (« Nous avons également droit à cultiver nos racines »). Au carrefour du droit à l'indifférence et du droit à la différence, les leaders du mouvement ont mobilisé leurs troupes autour des objectifs suivants : l'antiracisme, le combat pour les droits civiques et l'ethnicité. Dans les trois secteurs d'activité, on enregistre la même ambiguïté fondamentale liée à la coexistence, au sein de la même rhétorique, d'une axiologie de la différence et d'une théorie du mélange égalisateur : « faire admettre leur action politique au nom d'une spécificité maghrébine et, dans le même temps, refuser la stigmatisation pernicieuse du droit à la différence ». Pour ce qui est de la dimension ethnique, les contradictions de l'action collective sont flagrantes. D'un côté, elle consacre l'éclatement de la citoyenneté universaliste – présentée au mieux comme un vœu pieux et au pire comme un mensonge – au profit de liens primordiaux, intensément vécus et noués à l'échelle du quartier autour du sentiment religieux, de l'appartenance ethnique ou de l'usage commun d'une langue. De l'autre, elle est mise au service d'une demande égalitaire et participative, c'est-à-dire d'un droit relatif à l'indifférence. Le registre de l'aspiration à l'égalité tend alors à l'emporter sur celui de la revendication du droit à la différence.

La gestion publique des différences : deux modèles pour une définition empirique

Si la diversité culturelle et identitaire est une donnée empirique largement répandue aujourd'hui, toutes les sociétés ne lui réservent pas le même traitement national. Dans certaines d'entre elles, la tradition historique et politique privilégie l'unité, préservée par la réduction des différences. Dans d'autres, elle cherche à obtenir cette cohésion par la promotion, sinon la reconnaissance de la diversité. Il existe donc plusieurs approches nationales de la question des différences, chaque société disposant de règles propres pour apporter une réponse au défi sans cesse actualisé du vivre-ensemble. Dans cette discussion, on distingue communément deux modèles canoniques de gestion publique de la diversité culturelle : d'une part, la conception assimilationniste à la française, d'autre part, le modèle pluraliste à l'anglo-saxonne.

Selon le premier paradigme, les individus doivent se couler dans un moule socioculturel majoritaire par un processus d'acculturation* unilatéral, lequel est supposé leur faire perdre leur appartenance ethnique au fur et à mesure qu'ils intériorisent la culture du pays d'accueil. L'assimilation d'un étranger – dont le couronnement juridico-politique est la naturalisation – est ainsi appréciée en fonction de sa capacité à témoigner de la culture de son nouveau pays. En France, la tradition jacobine et républicaine tend officiellement à refouler les particularismes culturels dans la vie privée et leur refuse toute reconnaissance dans l'espace public. Les principes traditionnels d'égalité des personnes, de reconnaissance des droits individuels et de non-discrimination sont ainsi censés servir à la fois la cohésion sociale, l'unité nationale et le libre épanouissement des individus, sans reconnaître institutionnellement les communautés. Au nom d'une rhétorique de l'universalité et de l'indivisibilité des droits et des devoirs, toute prise en compte éventuelle des différences civiles dans la vie civique est d'emblée frappée de suspicion. Dans cette perspective, la citoyenneté française traduit, en principe, un arrachement irrémédiable à toute détermination biologique, sociale, religieuse ou territoriale.

Dans le modèle pluraliste, l'unité nationale et la cohésion sociale sont recherchées, à l'inverse, par le biais d'une prise en compte de la diversité. Les identités culturelles sont toujours tolérées et parfois même publiquement reconnues et institutionnalisées. Les individus comme les groupes peuvent librement s'organiser pour entretenir et promouvoir des spécificités culturelles ou religieuses. La tradition anglo-saxonne accorde ainsi une place centrale au pluralisme social, culturel et politique. Loin de défendre une idée unitaire de la société, elle tend à diffuser une conception alternative des collectivités humaines – perçues comme des ensembles pluriels composés de communautés diverses – laquelle débouche souvent sur des conflits à propos du contrôle des ressources étatiques. Ce modèle pluraliste donne ainsi corps à l'image d'un jeu à somme nulle, où les gains d'une communauté sont toujours obtenus aux dépens d'une autre.

Dans cette perspective, les identités infranationales l'emporteraient sur les identités nationales, et chaque communauté respecterait en priorité ses valeurs particulières tout en revendiquant le plus de droits possible pour ses membres. La diversité culturelle et identitaire structurerait l'espace public qui serait colonisé par des visions particularistes concurrentes et conflictuelles ; les droits individuels découleraient moins d'une citoyenneté transcommunautaire que d'une appartenance ethnique ou culturelle à un groupe suffisamment puissant pour en obtenir la garantie auprès du pouvoir politique. La sacro-sainte division espace public/espace privé ainsi que la notion corollaire d'intérêt général voleraient ainsi en éclats au profit d'un affrontement de segments communautaires liés à des visions fragmentées de l'intérêt national.

On pourrait continuer à l'envi ce jeu d'oppositions symétriques entre deux modèles qui doivent davantage leur succès à leurs vertus pédagogiques – au risque de la caricature – plutôt qu'à leur valeur heuristique. S'ils véhiculent chacun une idéologie politique différente, on en connaît aujourd'hui aussi les convergences à l'épreuve des faits : « Des tendances concrètes à l'assimilation se manifestent dans les sociétés pluralistes et des tendances pluralistes se manifestent dans les sociétés assimilationnistes. » Ce décalage entre les modèles et la réalité peut être illustré à l'aide de nombreux exemples. En France, non seulement l'État a toujours été un lieu de définition et de structuration des identités, mais le modèle républicain s'est davantage accommodé des groupes ou communautés identitaires qu'il n'est généralement admis par l'histoire officielle de la République. Contrairement à la représentation dominante, les spécificités culturelles ont survécu au processus uniformisateur multiséculaire de francisation et de centralisation, sans jamais être reconnues pour autant sur la scène officielle de l'espace public. Pourtant, les différences s'affichent plus ouvertement qu'autrefois, comme si le pluralisme avait soudainement pris un sens positif.

Au sommet de l'État, ce changement sociopolitique se manifeste par au moins deux tendances complémentaires plus ou moins affirmées : la reconnaissance institutionnelle de certaines communautés identitaires – citons notamment le conseil représentatif des institutions juives de France, le concordat d'Alsace et la volonté de créer un islam de France – et la généralisation des discours publics d'assignation à résidence communautaire ainsi que la mise en œuvre de politiques « communautaires » – du lancement de la première enquête officielle sur les immigrés et leurs enfants (INED/INSEE) aux premières expériences de gestion locale des relations intercommunautaires. Cette évolution apparemment paradoxale consacre une translation symbolique des pouvoirs publics d'un registre civique, républicain et universaliste, qui n'admet en principe aucune entité intermédiaire entre l'État et les citoyens sur quelque base – ethnique, religieuse, sexuelle – que ce soit, vers un registre « civil » et particulariste, qui reconnaît les réclamations identitaires de certains groupes de citoyens dans l'espace public.

Aux Pays-Bas, on remarque une évolution symétrique et inverse. La Constitution de la société néerlandaise autour d'un système communautaire a marqué, dans ce pays, la conception des politiques d'intégration. Dans les années 80, le gouvernement a développé la notion de minorité ethnique dans le cadre d'une approche multiculturaliste mise au service de l'insertion des immigrés. Mais, dix ans plus tard, les autorités hollandaises devaient décider de changer de cap, compte tenu de la marginalisation économique et sociale croissante des immigrés et de leurs descendants. Sans pour autant abandonner l'idéal multiculturaliste selon lequel chaque groupe peut cultiver sa différence, il s'agit maintenant de favoriser une approche plus assimilationniste en préconisant, par exemple, l'apprentissage de la langue néerlandaise plutôt que celle du pays d'origine afin de favoriser l'intégration des populations issues de l'immigration.

Cette rapide comparaison entre deux sociétés européennes assimilationniste et pluraliste (la France et les Pays-Bas) dessine une double tendance de signe opposé : la première se révèle beaucoup plus multiculturaliste qu'elle ne veut bien l'admettre ; la seconde apparaît bien plus assimilationniste qu'elle ne le prétend. Dans les deux cas, le pragmatisme tend à triompher de la rigidité des modèles abstraits et de la pureté des types idéaux.

Des controverses académiques aux polémiques politiques

38

La révolution multiculturelle ne recouvre pas seulement les transformations anthropologiques des sociétés contemporaines, de plus en plus marquées par la coexistence de plusieurs cultures et la diversité des styles de vie. Elle désigne également un courant de pensée philosophique, éthique et politique qui s'inscrit au carrefour des discussions relatives à l'universalisme démocratique et au relativisme culturel. Malgré une littérature considérable sur le sujet, ces débats politico-philosophiques manquent singulièrement de clarté, compte tenu de leur haute densité idéologique et polémique ainsi que des nombreux questionnements étroitement imbriqués qu'ils invoquent.

Sur le plan philosophique, trois cercles d'argumentation aux prémisses différentes interfèrent en permanence dans les controverses auxquelles ces échanges donnent lieu. Tout d'abord, le cercle proprement *académique* – où, selon la formule de Karl Popper, on ne tue, en principe, que des idées –, lequel a principalement pour but de comprendre et d'expliquer le phénomène. Ensuite, le cercle *idéologique* qui vise à promouvoir des valeurs ou à sauvegarder une éthique. Dans ce type d'argumentation, le savoir scientifique est mis au service d'un engagement militant; l'enjeu est clairement normatif et la perspective délibérément prescriptive. Enfin, le cercle spécifiquement *politique* où des groupes sont en compétition autour d'enjeux de pouvoir. Il s'agit de mobiliser des soutiens et des ressources en manipulant les identités collectives, les catégories d'intervention des pouvoirs publics ou encore les mécanismes d'expression des choix électoraux.

Le passage «sans scrupules» de l'un à l'autre de ces registres n'est pas sans coût pour la recherche et pour l'action. Et le débat serait moins ardu si les «bonnes causes» servaient à coup sûr les «bonnes analyses», si le triomphe du relativisme culturel (tout est culturel et les cultures se valent) et normatif (tout est affaire d'opinion) n'était pas de plus en plus présenté comme un progrès de la démocratie, si, enfin, les «universalistes» pouvaient être opposés aux «particularistes», à l'instar des «bons» et des «méchants».

La controverse intellectuelle autour de la notion de multiculturalisme s'oriente dans trois directions qui privilégient chacune une problématique particulière : un axe *individuel/collectif* (la condition du maintien de la cohésion sociale est-elle la défense juridique des droits individuels ou bien le renforcement des communautés subnationales ?) ; un axe *public/privé* (l'unité sociale doit-elle être garantie par le refoulement des différences culturelles dans la seule sphère du privé ou faut-il désormais leur assurer une place dans l'espace public ?) ; un axe *droits/obligations* (la cohésion sociale peut-elle être maintenue par la reconnaissance de droits aux minorités ou par la soumission prioritaire de celles-ci aux obligations communes ?). Loin d'être exclusives, ces trois orientations convergent souvent et il en découle des problématiques complémentaires : comment favoriser l'unité sociale en renforçant *à la fois* la cohésion des communautés ethniques infranationales et la défense juridique des droits individuels ? Quelle est la ligne de partage entre le privé et le public et selon quels critères fonder de nouvelles démarcations ? Quelles obligations peut-on exiger des minorités en contrepartie de la satisfaction donnée à leurs revendications particulières ?

Dans le monde anglo-saxon, ces interrogations cristallisent une opposition centrale entre le camp des *libéraux* et celui des *communautariens*. Pour les premiers, fidèles à la tradition libérale, il est aujourd'hui urgent de répondre au défi de la cohésion sociale sous l'angle privilégié de la civilité*, mettant ainsi l'accent sur le renforcement des valeurs et des obligations communes. À la « tyrannie de la majorité » qui guetterait, selon Tocqueville, les démocraties égalitaires, succèderait maintenant une « tyrannie des minorités » qui imposerait, sous couvert d'une lutte légitime contre les discriminations passées ou présentes, un nouveau conformisme fondé sur une police vigilante des manières de vivre et de pensée. Cette vision caricaturale a été largement diffusée par des auteurs tels que Benjamin Barber, Richard Bernstein, Allan Bloom, Arthur Schlesinger ou encore Dinesh D'Souza. Pour les seconds, l'urgence est plutôt d'adapter le courant libéral aux contingences contemporaines – notamment à cette quête d'authenticité et de reconnaissance qui parcourt la subjectivité moderne – en envisageant la cohésion sociale sous l'angle privilégié de l'altérité*. En accord avec la sollicitation croissante des paradigmes et des théories de l'ethnicité, les philosophes « communautariens » – comme Michael Sandel, Alasdair MacIntyre ou Amitai Etzioni – ont remis en cause la philosophie politique et morale qui sous-tend le modèle libéral et ses différentes variantes. Rejoignant par là les tenants européens de l'herméneutique, de la déconstruction et de la postmodernité (comme Félix Gattari, Gilles Deleuze, Jean-François Lyotard, Michel Foucault ou Jacques Derrida), ces penseurs d'outre-Atlantique partagent un même engouement pour des thèmes comme le dépassement du sujet, la différence, l'authenticité, la construction dialogique du moi par le langage, la culture ou l'histoire. Pour éviter les impasses d'un universalisme abstrait, le courant multiculturel préconise ainsi un retour vers les valeurs familiales, religieuses et culturelles ainsi que la reconstruction du tissu social sur le modèle du lien intercommunautaire. Contre les illusions égalitaristes de la philosophie des Lumières, il rappelle combien l'appartenance à une culture ou à une communauté structure fortement la personnalité d'un individu, et par là les désirs qu'il exprime ainsi que les choix qu'il opère. À l'opposé de la pensée universaliste, il préconise la prise en compte du relativisme culturel dans l'orientation morale des sociétés modernes et affirme la richesse de la diversité ethnique. Enfin, contre un individualisme érigé en valeur cardinale, le courant communautarien prône la reconnaissance des corps intermédiaires de l'espace public, notamment en accordant aux minorités des droits collectifs.

Loin d'être limitée aux cercles académiques, cette critique multiforme du modèle libéral et de ses variantes a inspiré un certain nombre de mouvements de contestation sociale qui n'ont pas manqué d'être manipulés par les professionnels de la politique. Ces polémiques intellectuelles ont ainsi perdu une part de leur dimension philosophique au fur et à mesure qu'elles gagnaient en densité sociale. Nous nous pencherons successivement sur les trois plus lourdes de ces controverses politiques en termes de conséquences sociales : la politique des identités (*identity politics*), la politique du genre (*gender issues*), la politique du langage (*politically correct*).

La politique des identités

Cette expression d'origine anglo-saxonne est passée dans le langage courant pour désigner les revendications de certaines communautés quant à la reconnaissance officielle de leurs convictions religieuses ou morales, spécificités culturelles ou modes de vie, coutumes ou pratiques sexuelles, afin qu'elles donnent lieu à des droits spécifiques. Comment les sociétés démocratiques, dont le principe de base est le traitement égal de tous les citoyens, peuvent-elles reconnaître dans l'espace public des identités différentes ? Cette question pose, dans des termes nouveaux, le problème des rapports entre minorités et majorité. Malgré une littérature considérable sur le sujet, peu d'auteurs ont réussi à dépasser la contradiction entre universalisme et particularisme ainsi que les positions idéologiques qui sont généralement associées à ces deux attitudes philosophiques. Selon la formule de Norbert Elias, le « désir affectif de la société humaine » et les calculs de sociabilité auxquels sa satisfaction conduit conspirent en permanence contre les collectifs de type universaliste. Un citoyen ne peut donc être compris si l'on fait abstraction des composantes sociales et culturelles qui le déterminent et nourrissent précisément ses attentes ainsi que ses vues sur la société.

Parmi d'autres auteurs, Charles Taylor (1994) et Michael Walzer (1996) ont ouvert de nouvelles perspectives anthropologiques, rompant partiellement avec une longue tradition libérale philosophique mais aussi sociologique – d'Émile Durkheim à Max Weber. Selon ces auteurs, qui se réclament sur ce point de l'héritage de Jean-Jacques Rousseau et de Johann Herder, chaque individu possède une vérité intérieure qui est la mesure de son accomplissement et de son idéal d'authenticité. Dans les termes de Charles Taylor, le multiculturalisme est une réponse au « malaise de la modernité », lequel se manifeste sous la forme d'un narcissisme corollaire au triomphe de l'individualisme, d'un désenchantement du monde lié à la primauté de la raison instrumentale, et d'une perte de liberté consécutive à la désertion de l'espace public. Rapportée à la question citoyenne, le raisonnement des penseurs communautariens part d'une réfutation de la conception libérale de la citoyenneté, articulée autour de trois idées principales : 1. la citoyenneté libérale classique est une fiction ; 2. l'universalisme dont elle se réclame est un ethnocentrisme masqué ; 3. loin de lui porter atteinte, la reconnaissance de droits spécifiques aux minorités est aujourd'hui susceptible de renforcer la cohésion sociale.

Selon Taylor, le désir de reconnaissance serait né au moment où les sociétés hiérarchiques, dominées par la logique de *l'honneur*, ont évolué vers des sociétés égalitaires, gouvernées par le principe de *dignité*. En n'assignant plus à l'individu une place fixe et stable dans la société, la modernité a libéré en lui un désir d'identité : « La nouveauté, à l'époque moderne, n'est pas le besoin de reconnaissance mais la possibilité qu'il puisse ne pas être satisfait. Et c'est pourquoi ce besoin est maintenant reconnu pour la première fois. Avant l'époque moderne, on ne parlait pas d'identité et de reconnaissance, non parce que les gens ne possédaient pas ce que nous appelons une identité ou parce qu'ils ne dépendaient pas de la reconnaissance d'autrui, mais plutôt parce que celles-ci ne posaient pas de problèmes et ne pouvaient donc pas devenir objets de discussion. » D'où les deux axes principaux de son modèle de la reconnaissance* : tout d'abord, la négociation dialogique* des identités liée à l'affirmation de la valeur égale de chaque culture et, ensuite, la nécessité qui en découle de mettre en place des politiques d'accommodation* des différences ainsi reconnues. Au contraire de la conception libérale du traitement des différences, la cohésion sociale est ici recherchée du point de vue de l'altérité. L'histoire est présentée comme une longue suite d'injustices envers différents groupes ethniques ou culturels qu'il s'agit précisément de « rectifier ». Dès lors, le raisonnement d'inspiration libérale est renversé : ce n'est pas en transcendant les « collectivités particulières » au moyen d'un principe d'appartenance universelle, par ailleurs fort illusoire, que l'on favorise la cohésion sociale. Selon les tenants du multiculturalisme, cette unité ne peut être garantie que par la reconnaissance officielle des différences culturelles et par la redéfinition des critères et des conditions d'accès à l'espace public.

En ce qui le concerne, Michael Walzer a souligné avec force combien les affirmations identitaires sont avant tout des mises en forme ethniques et/ou culturelles de revendications fondamentalement intégratives. Dans la plupart des cas, c'est le refus de la majorité de tenir compte des aspirations des minorités qui conduit ces dernières à des manifestations allant parfois jusqu'au projet sécessionniste. Il n'est donc pas fortuit que les revendications multiculturalistes soient apparues aux États-Unis sur la base des résultats contrastés de la lutte pour les droits civiques, au Canada dans le contexte historique des tensions entre anglophones et francophones, et en Australie en réponse à l'inégalité des populations issues de l'immigration dans l'accès aux droits attachés à la citoyenneté. Dans ces trois situations historiques pourtant distinctes, le phénomène multiculturaliste s'est nourri des déficits de citoyenneté. Loin d'une volonté de « désunion nationale », la revendication multiculturaliste charrie toujours des demandes égalitaires formulées au nom de la différence. On retrouve là des mécanismes stratégiques de retournement des stigmates sociaux par lesquels des groupes érigés en communautés transforment les contraintes liées à leur appartenance à des collectivités particulières en ressources pour obtenir la garantie du respect de leurs droits. Car plus grande est la crainte des minorités de se voir interdire l'accès aux ressources étatiques, plus forte est leur tendance à resserrer leurs liens internes ; moins la société tend à satisfaire leurs demandes de reconnaissance par des mesures d'accommodement, plus elles tendent à manipuler des marqueurs symboliques peu ou prou imaginaires. C'est pourquoi on a assisté à une politisation spectaculaire des réclamations identitaires – sur laquelle on reviendra – à l'initiative souvent conjointe des leaders communautaires et des chefs des grands partis dominants.

La politique du genre

Par cette expression, on désigne à la fois la question de l'identité féminine et le problème des relations hommes-femmes. Là aussi, le point de départ est une critique de l'universalisme trompeur de la citoyenneté libérale mise au service d'un mouvement de contestation sociale. Les manifestations empiriques de ces « politiques du genre » vont, suivant le même schéma que la politique des identités, de la revendication symbolique d'un nouveau code des rapports entre les sexes à une lutte proprement politique des femmes pour exercer le pouvoir en lieu et place des hommes. Dans les deux cas, on note un déplacement identique de controverses académiques dans le champ politique et social où elles connaissent des inflexions particulières.

Les auteurs féministes comme Andrea Semprini reprochent « à la culture dominante, non seulement d'avoir créé une société dominante autour des valeurs masculines, mais d'en avoir occulté le caractère sexué, pour en faire des valeurs générales et neutres ». D'où la marginalisation des contributions et vues féminines sur le monde et la domination sans partage des préoccupations de « l'homme blanc hétérosexuel ». C'est cette occultation, effectuée au nom d'une prétendue universalité, qui est ici dénoncée comme étant la manifestation éclatante d'une discrimination sexuelle non avouée. Or, poursuivent ces militantes, « nous ne sommes pas ce que nous sommes par la dotation innée d'une capacité universelle, mais bien par l'épreuve de la différence, c'est-à-dire par la confrontation de notre identité à celle des autres. En désincarnant le moi, le courant de pensée libéral l'a aussi asexué pour mieux affirmer la domination masculine, ainsi lavée de tout soupçon ».

Ce constat a donné lieu à un ensemble considérable de revendications dont on indique seulement ici les axes principaux :

– Valorisation de la part des femmes dans le patrimoine culturel mondial (recensement des « grandes femmes » sur le modèle des « grands hommes ») ;

– Déconstruction des représentations dominantes de la féminité (archéologie d'un arbitraire culturel et généalogie de sa mise au service d'un projet de domination) ;

– Modification des relations interpersonnelles entre hommes et femmes (mise à jour des inégalités symboliques et matérielles qui découlent de la division sexuelle du travail) ;

– Parité réelle dans la vie privée, publique et professionnelle (revendications explicites de partage du pouvoir et d'une représentation politique plus conforme à la distribution sexuelle de la population).

Ces grandes orientations de la mobilisation intellectuelle des femmes contre « la politique des mâles », selon l'expression de Kate Millet, sont directement liées à leur entrée massive dans le monde du travail et à l'ensemble des transformations sociologiques auxquelles ce bouleversement a donné lieu.

Les domaines concernés par les revendications prioritaires des femmes ont évolué dans le temps et dans l'espace. Dans les années 70, les mouvements féministes nord-américains dénoncent surtout la domination masculine d'ordre politique et économique, tandis qu'en Europe les revendications portent davantage sur des questions liées à la « libération sexuelle » et à l'autonomie « morale » des femmes dans la conduite de leur existence. Aujourd'hui, on assiste à une évolution croisée : les uns se penchent sur la régulation des relations interpersonnelles (lutte contre le harcèlement sexuel, notamment) tandis que les autres s'intéressent, de plus en plus, au domaine politique (débat autour de la parité ou des quotas, en France par exemple).

Le « politiquement correct* »

Le mouvement «politiquement correct» (*political correctness* ou *PC*), né dans les milieux universitaires américains, est communément caricaturé et tourné en dérision en Europe, à l'exception notable de la Grande-Bretagne. Pourtant, il soulève des questions intellectuelles d'une grande ampleur et d'une étonnante complexité parce qu'elles sont liées à des théories du langage. À lire l'une de ses professions de foi courantes (*The PC Manifesto. Featuring a PC Primer and Revised PC Lexicon*, 1992), la doctrine du «PCism» prône une plus grande tolérance de la diversité humaine, notamment sur les plans de la culture, des styles de vie, des croyances – religieuses ou non –, des appartenances ou des préférences sexuelles, etc., et ce pour favoriser, par l'emploi d'un vocabulaire socialement neutre (*selective speech*), une vision alternative de l'univers social et de sa hiérarchie traditionnelle. Sa vocation principale est double : d'un côté, il s'agit de lutter contre les expressions, qualifications ou énoncés dépréciatifs qui pourraient porter atteinte à l'image d'un groupe particulier, d'une minorité ou de personnes, étant admis que la perception d'autrui est socialement conditionnée par les termes que l'on utilise à son propos ; de l'autre, il s'agit de «perfectionner» la langue en la dépouillant de ses scories et en l'enrichissant de formulations ou de termes alternatifs qui ne risquent pas de heurter ou de réactiver des blessures symboliques. « La préoccupation essentielle est, comme l'écrit Andrea Semprini, d'éviter que la sensibilité ou l'auto-estime des différents groupes sociaux, minorités ou individus puissent être offensées ou amoindries par des propos, des attitudes ou des comportements non appropriés, de nature à induire ou à renforcer chez la personne concernée une vision dévalorisée ou culpabilisante d'elle-même. »

Le lexique PC s'est aujourd'hui considérablement étoffé. Il concerne pratiquement tous les compartiments de la vie sociale. On en connaît les expressions les plus courantes : des « Américains d'origine africaine » (*African-Americans*) au lieu de « Noirs », aux « indigènes du continent nord-américain » (*Native-Americans*) pour « Indiens », en passant par les « Américains d'origine latino-américaine » (*Hispanics*) au lieu de « Chicanos » ; ou encore des expressions comme « technicien de surface » (*domestic engineer*) au lieu de « femme de ménage », « économiquement désavantagé » (*economically unprepared*) au lieu de « pauvre », « capable différemment » (*differently abled*) au lieu de « handicapé », « malvoyant » (*optically darker*) au lieu d'« aveugle »… aux savoureux « ceux qui n'ont pas besoin de peigne » (*comb-free*) pour « chauve », « ceux qui ont des problèmes de taille » (*vertically challenged*) pour « nain », « ceux qui ont des problèmes de poids » (*gravitationally challenged*) pour « obèse ».

Ce mouvement politico-linguistique a suscité des réactions contradictoires : les uns en ont dénoncé le caractère attentatoire à la liberté d'expression, tandis que les autres ont mis l'accent sur sa dimension libératoire. Quoi qu'il en soit, rares sont ceux qui en ont mesuré la portée intellectuelle en le rapportant à la théorie du langage. Pourtant, il semble que cette controverse oppose deux approches cognitives concurrentes : d'une part, les partisans d'une conception référentielle du langage, opposés au « politiquement correct », et, d'autre part, les tenants d'une conception constructiviste, favorables au « politiquement correct ». Si les premiers soulignent l'inanité de toute tentative d'amélioration des pratiques langagières, parce qu'il n'en est pas de neutres, les seconds, quant à eux, sont persuadés que le fait de changer un mot contribue au contraire à modifier la réalité qui lui correspond, et soutiennent que le langage est un lieu de cristallisation de rapports de pouvoir.

Pourtant, l'ambition des militants du « politiquement correct » de promouvoir une langue parfaite se heurte aux limites sociales qu'elle prétend justement dépasser. En effet, la langue étant un lieu où l'histoire imprime fortement sa marque, le projet des partisans de la *political correctness* est pratiquement sans objet sinon sans fin. L'apport principal des controverses multiculturalistes dans le domaine linguistique réside par conséquent moins dans les solutions avancées – fatalement provisoires – que dans les problèmes soulevés.

DOM

INOS

UN ESSAI

Le multiculturalisme : facteur de cohésion ou de fragmentation sociale ?

Politiques de reconnaissance et justice sociale : la force des différences

Comment gérer la diversité culturelle et identitaire, à la fois irréductible et irrépressible, en tenant compte de l'équation propre à chacun des pays concernés ? Les populations issues des mouvements migratoires résident parfois depuis longtemps dans un pays d'accueil où elles ont, avec le temps, beaucoup apporté par leur travail, leur concours à la vie économique, leur participation à la vie sociale. Pourtant, elles ont inégalement accès aux sphères et aux processus d'élaboration de la décision publique, même quand ceux-ci concernent des domaines qui les touchent directement. Dans ce contexte, on ne peut durablement se satisfaire de la rhétorique politique, formelle et stérile, de l'égalité des droits et des devoirs, d'autant que nombre de réclamations identitaires sont avant tout des mises en forme ethniques de demandes égalitaires demeurées sans réponse. Moins qu'un vecteur d'éclatement d'une unité sociale souvent illusoire, une citoyenneté multiculturelle ou différenciée pourrait alors permettre à des « citoyens » complètement à part de devenir des citoyens à part entière.

L'« action positive », une exigence démocratique

Dans les sociétés contemporaines, multiethniques et multiculturelles, les principes officiels d'une citoyenneté universaliste ne peuvent pas interdire une réflexion sur l'espace de la différence. Certes, les mesures préférentielles que sont les « quotas » ou les « discriminations positives » soulèvent de sérieuses objections de principe et comportent de nombreux inconvénients. Mais qui pourrait nier aujourd'hui que la marginalisation de certaines catégories de la population – notamment, les femmes, les citoyens de couleur et les étrangers – témoigne d'une contradiction flagrante et insupportable avec les idéaux démocratiques ? Dans certains contextes nationaux, cette orientation de l'action publique est une nécessité impérieuse qui s'impose aux autorités politiques au nom de la cohésion sociale. C'est en ce sens que l'idéal démocratique peut tirer profit des perspectives suggérées par un multiculturalisme maîtrisé et adapté, lequel apparaît alors davantage être un principe de concorde qu'une pomme de discorde, un facteur d'approfondissement plutôt que d'affaiblissement de la démocratie libérale et pluraliste.

La nouvelle république d'Afrique du Sud offre ici, du fait des mutations politico-constitutionnelles qu'elle a connues depuis 1990, une illustration précieuse. En transformant le principe de discrimination « négative », corollaire au régime d'apartheid, en politique de discrimination « positive » (*affirmative action*) liée à la transition démocratique, les autorités sud-africaines ont conféré à la notion d'égalité dissymétrique une place centrale dans la quête d'un nouvel ordre politique et social. Le modèle sud-africain de l'« action positive » concerne « l'ensemble des concepts, méthodes et stratégies visant à annuler les effets négatifs de politiques économiques et sociales historiquement discriminatoires vis-à-vis de certaines catégories de personnes eu égard à leur race, leur couleur, leur sexe ou leurs aptitudes physiques », et ce par l'adoption de mesures compensatrices.

Contrairement au modèle américain dont elle paraît être la réplique, la politique préférentielle sud-africaine a été élaborée au profit de la majorité de la population : elle ne cherche donc pas « à affirmer les droits des minorités mais à rétablir la majorité dans ses droits ». L'acceptation de l'*affirmative action* en tant que principe d'action politique a été, en Afrique du Sud, le résultat d'un consensus dicté par les nécessités du changement. Comme on a pu maintes fois le faire observer, « la question n'est pas de savoir si l'*affirmative action* est nécessaire ou non. Elle est profondément et symboliquement indispensable. La véritable question est de savoir [...]

comment elle peut être mise en œuvre de la façon la plus efficace». Il s'agit donc d'un choix délibéré en faveur de majorités défavorisées, destiné avant tout à réguler pacifiquement les conflits d'inégalités d'une société désormais acquise à l'idéal démocratique. Une fois écartée l'option de la table rase des contentieux, l'*affirmative action* est apparue comme la seule voie possible qui permette une réalisation progressive de transformations sociales et politiques indispensables dans le contexte de la transition démocratique. Ne pas retenir cette option aurait été une source d'incompréhension et un vecteur de conflits violents, compte tenu des frustrations accumulées par la grande majorité de la population.

En faire un principe d'action publique exigeait cependant, pour éviter que le coût du remède soit supérieur à celui du mal à guérir, des précautions méthodologiques et un certain doigté politique. Dans cette perspective, l'application de la politique préférentielle a donné lieu à la mise en œuvre de plusieurs critères :

1. responsabilité (prévenir tout effet contraire à ceux qui sont recherchés) ;
2. équité (le principe de la réalisation de l'égalité est celui de la non-discrimination, étant admis que la discrimination doit être l'exception) ;
3. partenariat (impliquer les entreprises et organismes privés aux côtés des institutions publiques) ;
4. sécurité (constitutionnalisation des principes et des modalités de mise en œuvre de l'*affirmative action*) ;
5. proportionnalité (les moyens et la durée des

politiques préférentielles doivent être strictement proportionnés aux fins poursuivies) ;

6. transparence (évaluation périodique des résultats et mesures anticorruption) ;

7. flexibilité (modulation des politiques d'action positive selon les besoins et leur utilité sociale).

Cette politique d'« action positive » à la mode sud-africaine s'est tout particulièrement illustrée dans quatre orientations de l'action publique : celle qui concerne les services publics, celle qui touche le domaine économique et social, celle qui s'applique au secteur fiscal et financier et, enfin, celle qui a trait au domaine électoral. Selon la Constitution de 1996, l'administration publique doit être globalement représentative de la population sud-africaine et s'appuyer, dans le recrutement et l'organisation des carrières, sur les capacités des individus, sur des critères d'objectivité et d'équité, ainsi que sur la correction des déséquilibres du passé. Pour être conforme à cette Constitution, le principe d'*affirmative action* s'allie à d'autres objectifs que la fonction publique est en charge de remplir. Il ne s'agit donc pas de conférer un avantage immédiat et automatique à un groupe, mais plutôt de vérifier si cette prérogative est susceptible d'atteindre le but poursuivi : la pleine et égale jouissance de tous les droits et libertés. Dans cette perspective, les autorités ont fait preuve de discernement en se gardant bien de toute précipitation dans le recrutement et l'avancement des fonctionnaires. Les changements dans la structure socioraciale de l'administration sont peut-être lents aux yeux d'une partie de l'opinion mais cette pondération garantit le caractère pacifique de la transition démocratique. Du reste, le problème principal demeure : celui de la sous-qualification des catégories défavorisées de la population, lequel appelle à la fois une politique volontariste faite de mesures compensatoires mais aussi une certaine prudence. À ce jour, l'évolution est cependant déjà sensible : en quatre ans (1994-1998), la proportion de fonctionnaires noirs est passée de moins de 5 % à près de 40 %. Loin de tout système des dépouilles (*spoil system*) où les uns auraient tout simplement pris la place des autres, certains fonctionnaires blancs, titulaires d'emplois civils et militaires de haut rang, ont été maintenus dans leurs fonctions en échange de leur loyauté vis-à-vis du nouveau régime politique.

À l'évidence, l'évaluation de l'action positive sud-africaine lancée en 1993 est encore prématurée ; le bilan est forcément mitigé. Dans son dernier discours devant le Parlement avant les élections qui marqueront la fin de son mandat de chef d'État, le président Nelson Mandela le reconnaissait lui-même : « Nous avons fait beaucoup de progrès, mais le chemin vers une vie meilleure est encore long. » Son successeur annoncé, le vice-président Thabo Mbeki, est d'ores et déjà placé devant un dilemme : accélérer le rythme des changements socioraciaux en renforçant les politiques préférentielles quitte à perdre le concours de la minorité blanche du monde des affaires, ou réaffirmer sa fidélité au compromis politique actuel, qui allie prudence et lucidité, au risque d'un mécontentement croissant de la population noire défavorisée. Dans les deux cas, l'enjeu est le même : il s'agit d'assurer le passage de l'égalité en droit à l'égalité de fait, en s'employant à réduire l'insupportable inégalité des chances. Dans le contexte d'une société aussi profondément inégalitaire, les différences sociales, naturalisées par l'histoire de l'apartheid, ne peuvent être durablement combattues sans aménager le répertoire classique des politiques universalistes. Paradoxalement, l'action positive est alors un facteur de rénovation de l'idéal démocratique.

Vers une éducation multiculturelle ?

On sait que l'analphabétisme culturel et religieux fait le lit de la xénophobie, c'est pourquoi l'éducation est un outil indispensable de l'intégration. Comparé à d'autres systèmes en vigueur en Europe, l'enseignement français est, dans ce domaine, très en retard, non seulement en ce qui concerne les civilisations ou les cultures lointaines, mais aussi pour ce qui a directement trait aux réalités anthropologiques de la France contemporaine. De l'Alsace à la Provence comme du pays Basque à la Bretagne, les Français vivent dans une ignorance mutuelle de leurs différences régionales réciproques, généralement tournées en dérision ou franchement stigmatisées. Le comble est le plus souvent atteint avec les régions et territoires les plus éloignés, allégrement confondus sous le même sigle administratif, DOM-TOM.

Dans le domaine spirituel, le paradoxe est saisissant : malgré le renouveau religieux et sectaire diagnostiqué par les médias sur fond de fantasme islamique, le niveau d'information de la population reste étrangement bas et l'école étonnamment fermée à l'enseignement des religions. Bien que quelques aménagements partiels aient été apportés aux programmes d'histoire et de littérature en 1996, la France reste loin derrière la Belgique, les Pays-Bas, l'Italie et l'Allemagne où les cours de religion sont obligatoires. Le constat de cette carence vaut en particulier pour l'islam : le décalage est de plus en plus ressenti entre ce « silence religieux » de l'école publique jusqu'à l'université et la réalité d'une société où vivent quatre millions de musulmans, dont les médias se font un devoir de rappeler le jeûne du ramadan, n'ignorent aucune polémique sur le voile, ou imputent sans nuances à l'islam les dérives violentes de l'Algérie ou de l'Afghanistan. Sans méconnaître la surcharge des programmes ou d'autres difficultés de mise en œuvre, la frilosité française en matière d'enseignement des religions – encore trop souvent confondu avec l'éducation religieuse proprement dite (catéchisme) délivrée par une autorité confessionnelle indépendante de l'école publique – contribue à diaboliser encore une religion musulmane déjà suspecte aux yeux du grand public.

Pourtant, des voix s'élèvent, des intellectuels aux enseignants en passant par des organisations comme la Ligue laïque, pour rappeler la nécessité d'un enseignement des religions comme vecteur d'une éducation interculturelle mieux adaptée aux réalités d'aujourd'hui. Deux arguments au moins sont avancés. Tout d'abord, le risque de manipulation des jeunes par des minorités extrémistes est plus inquiétant que le danger éventuel de rallumer «la guerre des deux France», laïque et cléricale. Ensuite, un enseignement pluridisciplinaire et non confessionnel des faits religieux est non seulement possible mais aussi indispensable pour comprendre les grands systèmes de croyances et restituer cette part de mystère, d'imaginaire et de sacré dont les élèves seraient amputés faute d'une éducation trop rigide et rationnelle. Jean Delumeau, professeur honoraire au Collège de France et spécialiste du fait religieux, a réalisé, en marge de son travail scientifique, une série de douze vidéocassettes (*Des religions et des hommes*) qui constitue un matériau pédagogique précieux. Connaître l'histoire des religions, c'est s'enrichir d'un héritage commun, souligne-t-il souvent, car savoir et comprendre, c'est tolérer.

Les politiques éducatives multiculturelles sont largement développées aux États-Unis, malgré des inégalités d'un État et d'un établissement à l'autre. Contrairement à une opinion tenace, ces programmes découlent directement de l'échec partiel de la politique d'assimilation plutôt que d'une orientation doctrinale *a priori*. Les ratés de l'américanisation et la croissance des inégalités économiques et sociales ont ainsi érigé progressivement, malgré des résistances importantes de la part des lobbies conservateurs, le pluralisme culturel* comme un référentiel, discuté mais incontournable, tant dans l'univers social que dans le monde de l'éducation. Selon une définition courante, l'éducation multiculturelle «reflète dans l'ensemble du cursus le savoir et l'histoire de toutes les cultures et des deux sexes. Ce n'est pas quelque chose que l'on ajoute au programme, ce n'est pas le mois de l'histoire noire ou le mois des études féministes. C'est une façon différente de voir le cursus traditionnel dont le point de départ est eurocentriste. L'Europe n'est pas le centre de notre monde. L'éducation multiculturelle exige une attitude plus inclusive dans la façon dont nous enseignons. »

Depuis une bonne décennie, les militants pour une éducation multiculturelle se mobilisent pour la reconnaissance de la contribution de chaque composante de la société américaine dans l'histoire officielle des États-Unis. Dans son *Histoire multiculturelle de l'Amérique*, Ronald Takaki, américain d'origine japonaise, trace la voie d'une histoire à plusieurs voix, accordant à chacune une égale attention malgré une hiérarchie de fait incontestable, et soulignant les inévitables conflits entre les interprétations forcément concurrentes des mêmes faits historiques. Cette conception d'une histoire plurielle, qui confronte « visions des vaincus et points de vue des vainqueurs », signe le déclassement du monoculturalisme jusqu'alors triomphant. Pendant longtemps, sous l'influence du mythe du creuset, l'histoire dominante a épousé le point de vue unique des fameux WHASP (*white anglosaxons protestants*) avant d'embrasser celui des DWEM (*dead white european males*), redoublant ainsi la marginalisation économique et sociale des autres composantes ethniques de la population par l'occultation volontaire de leurs contributions à l'histoire de l'Amérique. De même que l'on a pu dire que la géographie sert d'abord à faire la guerre, l'écriture de l'histoire est toujours un enjeu de pouvoir au sein d'une société. C'est ainsi que des aspects entiers de l'histoire américaine – comme la conquête de l'Ouest, l'esclavage et le placement des Américains d'origine japonaise dans des camps pendant la seconde guerre mondiale –, ont été purement et simplement gommés ou traités selon la perspective exclusive de la communauté au pouvoir. Or, les changements structurels de la population américaine sont tels que continuer à enseigner à une majorité « noire, asiatique, hispanique et féminine » une grammaire de l'histoire eurocentriste et patriarcale est l'équivalent fonctionnel de la diffusion dans l'empire colonial français du credo « nos ancêtres les Gaulois ».

Malgré des débats polémiques et des controverses parfois très vives, des commissions *ad hoc* ont été installées dans de nombreux États afin de mettre en place de nouveaux programmes scolaires et universitaires, revus et corrigés. Des manuels qui tiennent compte des contributions et des vues sur le monde des femmes, des Hispaniques, des Noirs, des Indiens ou encore des homosexuels ont ainsi été mis en circulation. Au-delà du rétablissement de vérités étouffées par l'histoire officielle, il s'agit de redonner confiance aux élèves « minoritaires » dans les valeurs et la culture de leur communauté d'origine et dans leurs chances de succès au sein d'un univers largement contrôlé par les Blancs. Parce qu'il refuse aux enfants « non blancs » un passé dont ils peuvent tirer fierté, l'eurocentrisme* est perçu comme étant la cause de leur manque de réussite académique.

Enseigner consiste alors non seulement à transmettre un savoir mais doit surtout permettre aux enfants d'avoir des raisons d'être fiers de leur identité et des accomplissements de leur communauté d'origine. Parmi d'autres, l'éditeur américain Scolastic Inc. Cartwheel Books a ainsi lancé une collection de fascicules scolaires (*Great Black Heroes*), destinés aux enfants et présentant les grandes figures de la communauté afro-américaine, de Jean-Baptiste Pointe du Sable (1745-1818, fondateur de la ville de Chicago) à Matthew Henson (1866-1955, explorateur du Pôle Nord) ou encore Mae C. Jemison (née en 1956, femme astronaute). Tour à tour, les établissements scolaires et universitaires de nombreux États comme la Californie, la Géorgie, le Maryland ou l'État de New York ont

recommandé officiellement, au sein du programme des cours de sciences sociales, l'étude des apports des groupes non blancs. De même que des universités aussi prestigieuses que Harvard (Massachusetts), Columbia (New York), Princeton (New Jersey) ou Yale (Californie) ont institué des cours obligatoires sur les cultures non occidentales et actualisé le contenu de l'enseignement en matière de civilisation contemporaine, introduisant par là le commentaire d'œuvres comme *Le Deuxième Sexe* de Simone de Beauvoir et *L'Autobiographie de Malcom X*.

Dans certains cas, l'éducation multiculturelle se confond avec l'afrocentrisme ; c'est-à-dire qu'elle ne dépasse pas la perspective eurocentriste au profit d'une pluralité de points de vue minoritaires, mais substitue plutôt la première perspective à la seconde. En réponse aux critiques qui en dénoncent les dérives, les afrocentristes affirment le caractère non raciste et non antisémite de leurs revendications. Chef de file de l'afrocentrisme et directeur du programme *Black studies* à l'université de Temple (Philadelphie), Molefi Kete Asante explique que son mouvement tente simplement de « placer les Africains à l'intérieur de notre propre cadre de référence historique. Dans aucun des principaux ouvrages afrocentristes on ne trouve trace de racisme, d'ethnocentrisme ou d'"anti-qui-que-ce-soit". En fait, l'afrocentrisme estime que pour être stable une société doit respecter les différences. On ne peut soutenir qu'il n'existe pas de différences ou que la différence implique nécessairement l'hostilité. » Dans le sillage de l'ouvrage culte *Nations nègres et culture* de l'égyptologue sénégalais Cheikh Anta Diop, les intellectuels afrocentristes s'efforcent de réévaluer la part africaine dans le patrimoine commun de l'humanité en dénonçant l'ethnocentrisme dissimulé derrière l'universalisme trompeur des perspectives eurocentristes. Pour ce faire, ils n'hésitent pas à solliciter, parfois abusivement, les travaux des sciences sociales qui vont dans le sens, d'une manière ou d'une autre, de la cause qu'ils prétendent servir. C'est ainsi que l'ouvrage *Black Athena : racines afro-asiatiques de la civilisation classique* de Martin Bernal, spécialiste du Proche-Orient à l'université de Cornell (New York), a suscité une controverse majeure à la fin des années 80. Parce qu'il apporte des éléments probants sur l'origine égyptienne et phénicienne de la culture grecque, ce livre a été détourné de sa finalité et de sa portée initiales par certains afrocentristes qui n'hésitent pas à affirmer que « l'Afrique est la mère de la civilisation occidentale ».

Au-delà de la controverse, il s'agit autant dans l'esprit de ces militants de promouvoir l'estime de soi des « minoritaires » que la compréhension du passé, car la conscience raciale et la fierté identitaire élèvent, selon eux, les performances scolaires des enfants non blancs. Les études disponibles tendent en effet à confirmer cette hypothèse : les jeunes issus des écoles afrocentristes réussissent mieux que ceux qui fréquentent les établissements traditionnels des grands centres urbains. Malgré certains aspects suspects de ce type d'enseignement, comme le principe de la récitation quotidienne d'un commandement pour le moins étonnant – *penser noir, agir noir, acheter noir, prier noir, aimer noir et vivre noir* –, les résultats sont édifiants et valident l'importance de l'estime de soi dans le rendement scolaire. Selon Hugh B. Price, vice-président de la fondation Rockefeller, il est difficile d'évaluer l'impact de cette confiance en soi, individuelle et collective, sur la volonté de réussir scolairement et au-delà. Mais si favoriser l'estime de soi n'est pas forcément du ressort du système éducatif, il serait pour autant erroné de croire qu'elle n'influence pas la réussite sociale.

De toutes les minorités, les Africains-Américains sont ceux qui continuent à rencontrer le plus de difficultés au cours du véritable parcours du combattant que constitue l'intégration sociale, et ce, non pas en raison de leurs différences culturelles en tant que telles, mais plutôt à cause de leur infériorisation systématique par les communautés dominantes.

Dans un essai partiellement autobiographique (*Reflections of an Affirmative Action Baby*), Stephen L. Carter, professeur à l'université de Yale (Californie), explique que même les Noirs qui réussissent demeurent prisonniers du syndrome du « meilleur Noir », et restent ainsi, parce qu'ils se comparent entre eux, à l'écart des Blancs. Par là, on retrouve encore notre hypothèse de départ : les revendications multiculturelles se nourrissent des déficits de citoyenneté ; et elles sont avant tout des mises en forme ethniques et identitaires de demandes égalitaires insatisfaites.

Vers une citoyenneté différenciée et transnationale ?

Devant l'ampleur des problèmes de cohésion sociale qui en découlent, la marginalisation de certains nationaux voire l'exclusion politique de non-nationaux qui apportent pourtant une contribution à l'activité sociale et économique de leur pays de résidence constituent un défi permanent aux valeurs et aux procédures institutionnelles de la démocratie libérale. Ces contradictions compromettent non seulement les acquis démocratiques les plus élémentaires mais remettent aussi en cause des principes moraux fondamentaux. D'où la multiplication des reformulations de l'idée de citoyenneté et de celle de société démocratique, lesquelles cherchent à tenir compte des interrogations que soulèvent les formes contemporaines du pluralisme. Ces orientations nouvelles, de l'affiliation postnationale à la citoyenneté multiculturelle, explorent deux directions complémentaires : d'une part, la définition d'une citoyenneté différenciée, fondée sur les droits individuels mais qui tiendrait également compte des appartenances et des réclamations identitaires ; d'autre part, la perspective d'une citoyenneté détachée de tout critère de nationalité.

La quête d'un meilleur vivre-ensemble passe aujourd'hui, selon les tenants d'une citoyenneté néo-républicaine, par le dépassement d'un universalisme illusoire et trompeur au profit d'un différentialisme plus pragmatique. À quoi bon professer l'égalité en droit face au quotidien infra-humain que vivent quantité d'hommes et de femmes en raison de leur couleur de peau, de leur culture ou de leur origine ethnique ? Cette inégalité des chances tend à vérifier, dans certaines situations, l'hypothèse d'un « racisme institutionnalisé », auquel donnent corps des attitudes qui s'apparentent à de la discrimination ou à de l'ignorance. Qui pourrait nier en effet que la permanence de la barrière de la couleur (*color-bar*), neuf décennies après la prophétie du sociologue et leader noir américain W. E. B. Du Bois (« Le problème du XXe siècle sera le problème de la barrière de la couleur »), continue à produire des ravages sociaux – la couleur d'un citoyen en fait souvent un étranger, à l'exemple des ressortissants européens (en France, au Royaume-Uni et au Pays-Bas notamment) d'origine africaine ou caraïbéenne ?

Le renforcement de l'arsenal juridique de lutte contre le racisme et la xénophobie ne suffira pas à lui seul à restaurer le lien social. Il doit être associé à une valorisation de la diversité culturelle et identitaire des minorités régionales et des communautés issues de l'immigration. De la *tolérance*, il convient de passer à la *reconnaissance*. En la matière, beaucoup reste à faire pour traduire dans les faits les principes inscrits dans les constitutions. Que penser d'un pays comme la France dont on connaît le rôle dans la diffusion des droits de l'homme et qui, dans le même temps, connaît encore un nombre considérable de discriminations raciales et sexuelles en matière d'embauche (Haut Conseil à l'intégration, 1998) et tarde obstinément à ratifier la Charte européenne des langues régionales et minoritaires du Conseil de l'Europe ? Que penser de la Grande-Bretagne où, malgré des initiatives d'inspiration multiculturelle remarquables, un rapport officiel dénonce, en 1999, l'infiltration insidieuse du racisme au sein de la société britannique et de nombre de ses institutions ? Que penser de l'Allemagne où un simple projet de loi relatif à une éventuelle double nationalité a suscité une levée de boucliers des forces « conservatrices », au motif qu'il violerait la conception « ethnique » de la nation qui repose sur les liens du sang ? Que penser, enfin, des États-Unis où le traitement national de la diversité culturelle et identitaire ignore les déterminants sociaux de cette dernière au point de privilégier une politique pénale et carcérale, compte tenu de la criminalisation de la pauvreté ? Voilà autant de questions qui mettent en évidence à la fois l'urgence et l'étendue des réformes à accomplir pour traduire dans les faits une citoyenneté sans frontières, laquelle allierait allégeances multiples et solidarités transnationales.

Une telle citoyenneté multiculturelle et transnationale est-elle fonctionnelle et possible ? Ne risque-t-elle pas de s'organiser autour d'appartenances hiérarchisées et exclusives ? La question essentielle de l'exclusion et de l'intégration des minorités ethniques appelle une gamme assez large de définitions de la citoyenneté. Cet éventail va d'une conception étroite à une caractérisation large des droits octroyés aux citoyens ou aux simples résidents, d'une notion restreinte à un concept étendu de la participation des étrangers à la société, d'une appartenance fondée sur l'attribution et l'affiliation à un attachement lié à des choix et à une participation. Par bien des aspects, les populations issues de l'immigration sont au centre de cette mutation politique qui a suscité maintes controverses passionnées. Si quelques voix isolées appellent à une dissociation des concepts de nationalité et de citoyenneté, l'opinion publique y reste fermement opposée et persiste à faire de la première la condition irréductible de la seconde. Pourtant, la situation actuelle est hautement problématique et le *statu quo* est lourd de contradictions. Peut-on en effet accepter que la participation à la vie de la cité de populations installées durablement dans les pays d'immigration reste confinée à un champ associatif qui, malgré toute sa richesse et son originalité, les renvoie à une citoyenneté de seconde zone ? Est-il possible de construire une société qui se réclamerait d'un idéal démocratique et dont les membres auraient des droits à géométrie variable selon leur nationalité sans en mettre en péril à terme la stabilité et la légitimité politiques ?

L'Europe apporte ici une illustration précieuse des paradoxes auxquels conduit immanquablement ce type de citoyenneté à plusieurs vitesses. Les ressortissants de l'Union européenne bénéficient dans tous les pays membres du droit de circulation et de séjour ainsi que du droit de vote et d'éligibilité, alors que les non-ressortissants de la Communauté européenne en sont privés, même s'ils résident dans un État membre depuis plusieurs années. Ainsi, un Algérien qui demeure en France, où se trouve le centre de ses intérêts moraux et familiaux, ne peut pas, en l'état actuel de la législation, participer aux élections locales, tandis qu'un Allemand, installé tout récemment, en a la possibilité. Cette citoyenneté à discriminations négatives n'est plus tenable aujourd'hui ; au lieu d'être un vecteur de réduction des inégalités sociales, elle tend à établir juridiquement de nouvelles hiérarchies de rang et de prestige.

Les travaux comparatifs menés, dans le cadre d'un projet de l'UNESCO, sur plusieurs villes européennes confortent les recommandations du Conseil de l'Europe regroupées, en 1991, dans son rapport final intitulé *Les Relations intercommunautaires et interethniques en Europe.* Pour ce qui est du domaine juridique, il invite à reconnaître les droits associés à la résidence et la citoyenneté formelle – lesquels vont de pair avec une plus large participation au processus décisionnel, notamment électoral, ainsi qu'avec l'accès à un soutien des pouvoirs publics en matière d'activités culturelles ou religieuses. Dans le domaine socio-économique, il recommande le développement de mesures concrètes qui favorisent l'intégration – cours de langue, formation professionnelle, programmes de rénovation urbaine, lutte contre les discriminations sur le marché du travail. Sur le plan culturel, le Conseil insiste sur l'adaptation des services publics – lesquels devraient dorénavant assurer l'organisation d'une formation linguistique et une sensibilisation aux valeurs culturelles –, la promotion des pratiques religieuses, la mise en place d'un enseignement dans la langue maternelle des citoyens et l'appui à la création d'associations bénévoles ainsi qu'à leurs activités.

Malgré ces recommandations et arguments en faveur d'une rénovation du concept de citoyenneté, rien ne laisse penser que les changements attendus par certains courants d'opinion se produiront à court terme. Les résistances de multiples lobbies, conservateurs et/ou nationalistes, sont encore trop fortes aussi bien dans les pays où le modèle pluraliste est la référence officielle que dans ceux où le paradigme universaliste reste prédominant.

Politiques préférentielles et discorde sociale : les paradoxes des différences

Apparues dans l'esprit de leurs promoteurs à la fois comme une réponse aux déficits de citoyenneté, un vecteur de rénovation du lien social et un progrès de la démocratie, certaines politiques multiculturelles, aussi radicales que minoritaires, connaissent cependant des dérives dangereuses. À partir d'une volonté de respecter la diversité des styles de vie et de favoriser la représentation des minorités, elles dérivent insensiblement vers des formes d'intolérance et de rejet de l'autre, contraires aux objectifs qu'elles se sont officiellement fixés. La quête de l'authentique apparaît alors être un leurre autant que la fièvre identitaire un rituel inquiétant. L'une et l'autre associent leurs effets pernicieux en assignant à chaque groupe humain des caractéristiques déterminées, censées être fondées sur un substrat culturel invariant ou stable. Or, plusieurs conflits intercommunautaires particulièrement meurtriers – de l'Irlande du Nord à l'ex-Yougoslavie, du Rwanda au Pakistan – rappellent opportunément les conséquences sanglantes de cette volonté de fixer les identités, censées devoir être reconquises contre l'œuvre malsaine de la modernité et la pollution des contacts interculturels. Ce phénomène contemporain de « retraditionnalisation par excès de modernité » oppose au sein d'une culture la part préservée des survivances et celle des modèles qui ont pu être importés ou imposés lors de rapprochements intercommunautaires. Dans cette perspective, les cultures et les groupes maintiennent entre eux, contrairement à l'objectif poursuivi, un écart différentiel qui affecte directement la communication et la cohésion sociale.

Ces approches pourtant minoritaires du multiculturalisme, parce qu'elles opposent majorité et minorités et/ou dressent les minorités les unes contre les autres, sont rapidement devenues une source de discorde sociale. Au cours de polémiques nationales, les antimulticulturalistes s'emparent des travers exemplaires de certaines de ces conceptions radicales pour contester la valeur globale du courant multiculturaliste. Quatre arguments principaux sont immanquablement invoqués : la thèse de l'effet pervers (les programmes préférentiels produisent des effets inverses au but recherché), l'argument de l'inanité (ils n'induisent aucun changement significatif), le handicap du coût (ils sont d'autant plus onéreux qu'ils ne favorisent pas l'émancipation de leurs bénéficiaires), la thèse de l'injustice (le traitement préférentiel d'une catégorie de la population viole le principe méritocratique). Malgré les sollicitations abusives dont ils font parfois l'objet, ces arguments ne sont pas purement rhétoriques. Dans les faits, ils mettent en évidence certains des paradoxes manifestes du traitement multiculturaliste de la diversité culturelle et identitaire.

Le durcissement des identités collectives

Le danger d'une *réification* des identités, c'est-à-dire de leur réduction arbitraire et statique à l'état de chose ou d'objet, guette tout traitement public des différences culturelles. Lorsqu'elles inscrivent la définition historique d'une identité collective – sujette comme tout fait social à changement – dans la catégorie du naturel et de l'inné, voire de la race, les politiques multiculturelles tendent à produire des effets strictement inverses au but qu'elles recherchent. Tout d'abord, elles encouragent indirectement l'auto-exclusion des groupes qu'elles prétendent précisément protéger et promouvoir, en les tenant en marge de la communauté dominante. Parce qu'elles délimitent un « entre-soi » forcément conventionnel, lequel procède de frontières toujours équivoques entre « eux » et « nous », ces politiques identitaires n'échappent pas à certaines formes de discrimination ou de folklorisation. Ensuite, elles ne favorisent pas l'intégration sociale des « minoritaires » dans la mesure où elles les enferment arbitrairement dans des carcans culturels, identitaires et communautaires exclusifs qui les empêchent d'adopter la culture de leur pays d'accueil.

Deux raisons sociologiques principales sous-tendent cette tendance contradictoire. La première est directement liée au figement des catégories qui constituent la nomenclature de l'action publique et à sa logique binaire (inclusif/exclusif). Les classifications politico-administratives officielles sont toujours décalées par rapport aux dynamiques socioculturelles. Elles rendent difficilement compte des processus de métissage* et d'acculturation : comment, par exemple, définir l'appartenance identitaire d'un jeune banlieusard parisien d'origine maghrébine mais natif de Nanterre, musulman non pratiquant, militant de SOS Racisme et supporter du club de football Paris-Saint-Germain ? Ou encore cerner la notion controversée de nationalité (américaine, canadienne, française ou autre) de souche, lorsque l'on connaît la part de l'immigration dans la formation des populations ? Le trouble peut être encore plus grand dans le contexte d'une immigration de peuplement considérable comme aux États-Unis, où le recensement de la population est un enjeu politique de premier plan. « Le dilemme auquel nous faisons face, écrit Thomas Sawyer, secrétaire du comité des États-Unis sur le recensement, c'est que nous devons essayer d'assurer les garanties fondamentales d'égalité des chances tout en reconnaissant que les populations changent, alors même que nous tentons de les catégoriser. On en arrive au point où cela devient un comptage absurde. [...] Ces décomptes ne reflètent pas qui nous sommes en tant que peuple. Pour être effectifs, les concepts d'identité individuelle et de groupe doivent refléter non seulement qui nous avons été mais aussi qui nous sommes en train de devenir. Plus ces catégories déforment notre perception de la réalité, moins elles sont utiles. Nous agissons comme si nous savions de quoi nous parlons quand nous parlons de race alors que nous n'en avons pas la moindre idée. »

La seconde explication a trait aux conséquences de ces mécanismes sociaux d'assignation identitaire sur la liberté et l'autonomie des personnes. Prisonniers de ces prescriptions sociales, les individus ne peuvent plus librement choisir leurs allégeances identitaires et le principe de leur hiérarchisation indépendamment de leurs origines ethniques. Ainsi, notre jeune banlieusard parisien d'origine maghrébine aura plus de chance d'être perçu comme un étranger à cause de son phénotype* plutôt que comme un national, et ce malgré sa carte d'identité française. De même, la couleur de peau d'un Français d'outre-mer en fait un étranger dans les faits malgré son attachement éventuel aux principes de la francité. Dans les deux cas, la qualité de citoyen de ces « Français de papiers » ne les prémunit pas contre les assignations identitaires associées à leurs phénotypes respectifs bien que ceux-ci n'appellent pas forcément une communauté de sentiments ou même une convergence d'intérêts.

Aux États-Unis, David A. Hollinger est l'un des premiers à avoir situé sa réflexion dans une perspective postethnique, laquelle permet de dépasser une classification socioraciale et officielle inappropriée au métissage croissant de la population américaine, et de rendre justice à la majorité des individus qui vivent simultanément dans plusieurs cercles identitaires. Ce faisant, il rappelle que la lutte contre les inégalités qui frappent les différents groupes ethnoraciaux passe par la constitution d'une citoyenneté commune, susceptible de fournir à chacun, indépendamment de ses origines, un espace public de revendications. Le déplacement dans le champ culturel de la régulation des conflits sociaux lui semble insuffisant et illusoire : comment les statuts prescrits par les cultures – avec l'aval ou non des groupes concernés – pourraient-ils être plus émancipateurs que les positions acquises par l'action personnelle des individus au sein de la société ?

La manipulation politique des identités collectives

Dans le langage des sciences sociales, cette expression désigne la tendance des acteurs sociaux à mettre leurs appartenances identitaires au service de leurs exigences sociales et politiques. Partout où elle a été expérimentée, l'action multiculturelle encourage ces mécanismes de réclamation identitaire à finalité politique. On ne pourrait en évaluer la portée sans les rapporter à la gamme des programmes publics existants ou susceptibles d'être créés. Selon les règles propres à chacun d'eux, l'objectif poursuivi par les « leaders communautaires » est de persuader les pouvoirs publics de leur fournir les moyens financiers, et/ou juridiques, de gérer les affaires de leurs communautés. D'où les effets paradoxaux de ces configurations politico-administratives qui se manifestent par une double tendance : d'une part, la racialisation des rapports sociaux et, d'autre part, l'instrumentalisation des réclamations identitaires.

Ces orientations lourdes confèrent une charge politique considérable au recensement de la population. À la fois enjeu de la compétition électorale et nomenclature de l'action publique, il cristallise périodiquement une page de l'histoire sociale quant à la concurrence des groupes et minorités pour l'accès aux ressources publiques. En décomptant les citoyens par classe ethnoraciale, on ne mesure pas seulement l'évolution démographique comparée de sous-populations, mais surtout leur représentativité politique potentielle ainsi que leur éligibilité aux programmes réservés aux minorités. L'affirmation identitaire recoupe alors la lutte pour l'égalité sociale : l'ethnicité symbolique chevauche l'ethnicité instrumentale. Cette « racialisation » de l'action publique contribue sans doute à réduire les inégalités dans le traitement des minorités, mais elle participe également à la consécration des préjugés et stéréotypes corollaires aux classifications ethnoraciales – qui présupposent toujours une hiérarchie entre les groupes ainsi distingués – tout en suscitant la mobilisation des citoyens majoritaires – souvent conservateurs – autour de la « déracialisation » de la société. Loin d'atténuer la concurrence entre minorités et majorité, la racialisation de l'action publique concourt à présenter la politique comme un jeu à somme nulle, où ce qui est gagné par une communauté l'est toujours aux dépens d'une autre; ses promoteurs espèrent ainsi neutraliser les conflits, rendus plus accrus, au moyen d'une illusoire répartition égalitaire des ressources symboliques et matérielles contrôlées par l'État.

La permanence des inégalités intercommunautaires

Alors qu'elles visent officiellement à garantir l'égalité des chances, les politiques multiculturelles n'affectent en rien le fondement des inégalités sociales. Si elles favorisent incontestablement la mobilité sociale de certains membres des minorités, elles s'accommodent largement de la structure inégalitaire des sociétés concernées. En effet, Pierre Bourdieu rappelle utilement que la « promotion sociale de quelques individus soigneusement sélectionnés et préparés par et pour l'ascension individuelle est parfaitement compatible avec la permanence de la structure inégalitaire d'une société, et que cette mobilité peut même contribuer, de la seule manière concevable en des collectivités se réclamant d'idéaux démocratiques, à la stabilité et la légitimité sociales et, par là, à la perpétuation de la structure des rapports de classe ».

Dans un essai controversé (*The Next American Nation*), Michael Lind soutient que les politiques fédérales américaines de traitement préférentiel sont en réalité, au mieux, des remèdes homéopathiques et, au pire, des leurres, car elles ne remettent pas en cause la structure du pouvoir aux

États-Unis et l'hégémonie des vrais privilégiés, la *white over-class.* Les politiques multiculturelles apparaissent alors davantage être un outil de contrôle politique des minorités au service des élites dirigeantes qu'un vecteur favorable à l'émancipation des premières. Ces mesures préférentielles ne sont que des substituts imparfaits d'une politique sociale de lutte contre la criminalisation de la pauvreté et l'exclusion. En outre, elles se heurtent à une contradiction logique dont les conséquences sociopolitiques sont particulièrement lourdes : comment célébrer les différences culturelles au moment où s'accentuent les inégalités sociales, sachant que les premières chevauchent les secondes ? Ni la fierté raciale, ni l'estime de soi ne peuvent aider les jeunes Afro-Américains à résoudre leurs problèmes économiques. Les politiques identitaires ne suffisent pas à enrayer le cumul de handicaps d'un individu noir, pauvre, analphabète et rejeté.

Dans les domaines de l'emploi ou de l'éducation, les programmes d'action positive ont des résultats ambivalents. D'un côté, ces mesures préférentielles ont joué un rôle essentiel dans la formation des élites issues des groupes « désavantagés ». De l'autre, elles tendent à maintenir la majorité déshéritée de ces mêmes groupes en marge de la société en les enfermant dans une dépendance stérile à des programmes sociaux. Dans les deux cas, les « discriminations à rebours » se retournent contre leurs bénéficiaires stigmatisés parce qu'elles remettent en cause le principe méritocratique. Quatre exemples, parmi d'autres, sont représentatifs de cet échec : peut-on vraiment interpréter la modulation de la durée des épreuves d'un examen universitaire ou d'un concours administratif en fonction de l'origine ethnique des candidats comme une expression du principe de respect des différences culturelles ? Les quotas d'emplois réservés aux membres de certaines communautés correspondent-ils à une victoire de la démocratie économique et sociale ? Le découpage des circonscriptions électorales selon des considérations ethniques est-il le couronnement de la démocratie représentative ? Le nivellement par le bas lié au recrutement d'étudiants et d'enseignants « minoritaires » dans les universités soucieuses de bénéficier des crédits publics relatifs aux programmes en faveur de l'égalité des chances peut-il être interprété comme une avancée vers une citoyenneté multiculturelle ? Assurément, la réponse n'appartient pas au chercheur mais à la société dans sa globalité. Ces programmes d'égalisation des chances rendent sans aucun doute des services considérables à des quantités de personnes démunies en permettant la promotion des individus les plus dynamiques (sans ces dispositifs d'aide aux minorités, les citoyens concernés n'auraient vraisemblablement pas été recrutés dans les entreprises ou dans les universités sur la seule considération de leurs mérites), mais ils se heurtent aux limites de substituts imparfaits d'une solidarité publique nationale introuvable : que penser d'un riche pays comme les États-Unis, dont les citoyens figurent parmi les moins imposés au monde et sont en mesure de faire valoir leurs droits devant la Cour suprême, mais qui, par ailleurs, est incapable d'adopter un plan de santé publique ?

Dans ces conditions, il est impossible de supprimer, au nom de principes universalistes, les programmes d'aide réservés aux minorités sans fragiliser davantage une cohésion sociale déjà menacée. Après avoir été pionnière en la matière, la Californie a été le premier État, en 1996, à abolir par la proposition 209 les programmes de « préférence ethnique » à l'embauche dans les emplois publics. Les conséquences n'ont pas tardé à se faire sentir : les citoyens américains d'origine africaine, doublement frappés par les inégalités économiques et raciales, en ont été les principales victimes.

Un code du vivre-ensemble introuvable ?

Au-delà de l'ensemble des mesures plus ou moins cohérentes qui lui donne corps, une politique publique est toujours un enjeu de pouvoir et la traduction concrète d'un projet politique. Il est donc intéressant de replacer son évaluation dans le cadre des discussions politico-académiques sur la cohésion sociale et l'unité nationale. Dans cette perspective, Charles Taylor propose une synthèse des visions libérale et communautarienne. Selon le théoricien canadien, les démocraties libérales doivent aujourd'hui redéfinir le noyau central de leur « code du vivre-ensemble » en intégrant davantage que par le passé les aspirations des minorités. Dans la lignée de Tocqueville, il souligne que toute société libre a besoin de comporter des corps intermédiaires, des associations actives, qui perdurent grâce à de puissants sentiments communautaires. La cohésion sociale est parfaitement compatible avec le resserrement de ces liens communautaires ; mieux, celui-ci est aujourd'hui l'une des conditions de la rénovation du lien social.

Faute de dégager à temps un consensus autour d'un certain nombre de règles de vie commune essentielles, les sociétés contemporaines, marquées par la coexistence de populations aux styles de vie distincts, sont menacées d'éclatement. Pourtant, le renversement des perspectives libérales au profit d'une orientation multiculturelle de l'action publique n'a pas encore abouti à de meilleures performances en matière de cohésion sociale. Car si une société n'est pas une sommation d'individus, elle n'est pas non plus un agrégat de communautés. L'urgence semble donc être d'éviter à la fois les travers d'un individualisme débridé et les inconvénients d'un multiculturalisme éclaté. Cela suppose la reconstruction d'une culture publique commune – sujette bien sûr à des contestations et à des révisions constantes – qui soit susceptible de réunir, autour d'une identité civique et de valeurs partagées, les différents membres d'une collectivité, quelles que soient par ailleurs leurs affiliations singulières.

Le relativisme culturel qui, dans ses formes extrêmes, attribue la même valeur à toutes les cultures, doit également être soumis à cette quête d'un code commun du vivre-ensemble. Toutes les pratiques culturelles – notamment celles, comme l'excision, qui sont liées au statut inférieur réservé aux femmes par certaines minorités – ne peuvent être placées sur le même plan ni également protégées. Certaines doivent être combattues au risque de se heurter à l'accusation d'ethnocentrisme. Dans cette perspective, la promotion d'une citoyenneté commune n'est pas uniquement liée à la prise en compte de la diversité des styles de vie et à la satisfaction des revendications culturelles. Elle repose aussi et surtout sur la diffusion d'un ensemble de valeurs transcommunautaires alliée à une lutte efficace contre les inégalités sociales et économiques croissantes qui déchirent le tissu social et favorisent le renchérissement des revendications multiculturelles.

Savoir vivre au pluriel

La révolution multiculturelle gagne du terrain chaque jour. Elle marque l'évolution hésitante d'un « savoir-vivre au singulier » vers un « vouloir vivre au pluriel ». Quelle peut donc être aujourd'hui la part du multiculturalisme dans cette quête contemporaine du vivre-ensemble à la fois libres et égaux mais malgré tout différents ? À quelles conditions les politiques multiculturelles pourraient-elles utilement participer à la régulation politique des conflits sociaux ? Dans quelle mesure ces « politiques de la différence » peuvent-elles être un vecteur d'approfondissement de la démocratie libérale et pluraliste ? Sans doute, n'existe-t-il aucune solution à ce problème qui soit transposable d'une situation à l'autre au-delà des contingences contextuelles. Néanmoins, à la lumière des expériences en cours et de l'état du savoir accumulé en la matière, on peut formuler au moins trois propositions de réponse. Tout d'abord, la prise en compte de la diversité culturelle et identitaire ne peut se faire au détriment du partage de références communes. Ensuite, l'octroi de droits collectifs ne peut concurrencer le renforcement des droits individuels. Enfin, la mise en place d'une démocratie multiculturelle doit exprimer le souci constant d'une plus grande justice sociale.

Le partage de références communes

La prise en compte de la diversité culturelle et identitaire ne peut se faire au détriment de références communes. Parmi d'autres auteurs, Amin Maalouf, romancier franco-libanais, arabophone mais écrivain d'expression française, de culture à la fois chrétienne et musulmane, a remarquablement illustré cette première règle d'un savoir-vivre au pluriel. « En matière d'immigration, écrit-il, l'intégration est un chemin de crête, la voie étroite entre deux précipices, entre deux conceptions extrêmes. La première est celle qui considère le pays d'accueil comme une page blanche ou chacun pourrait écrire ce qui lui plaît, ou pire, comme un terrain vague ou chacun pourrait s'installer avec armes et bagages, sans rien changer à ses habitudes. L'autre conception extrême est celle qui considère le pays d'accueil comme une page déjà écrite et imprimée, comme une terre dont les lois, les valeurs, les croyances, les caractéristiques culturelles et humaines auraient déjà été fixées une fois pour toutes, les immigrants n'ayant plus qu'à s'y conformer. » Il ne s'agit donc ni de contraindre les minorités à vivre comme les autres, ni de les pousser à vivre en marge des autres.

Vouloir vivre ensemble au pluriel requiert deux exigences d'égale importance : un devoir de réciprocité, d'une part ; une obligation d'équité, d'autre part. Selon le même auteur, cette équation conduit à deux recommandations symétriques : aux uns, «plus vous vous imprégnerez de la culture du pays d'accueil, plus vous pourrez l'imprégner de la vôtre»; aux autres, «plus un immigré sentira sa culture d'origine respectée, plus il s'ouvrira à la culture du pays d'accueil». Cette nécessité d'un code de vie commune n'est pas toujours comprise par ceux qui placent la priorité dans la célébration de la diversité, pour avoir tant souffert de l'homogénéisation forcée. On connaît pourtant les dérives parfois meurtrières de cette vénération, comme la tendance pernicieuse à maintenir les communautés à l'écart les unes des autres, au nom du respect des différences. Sans un jeu de références communes – des valeurs centrales de cohésion aux règles élémentaires de civilité –, comment une société pourrait-elle durablement contenir les forces centrifuges qui l'animent ? Contrairement aux affirmations de ses militants les plus radicaux, le pluralisme culturel n'est pas une fin en soi mais, à l'inverse, un moyen de mieux organiser la coexistence. S'il cesse d'être au service de cette finalité ultime, le projet multiculturel affaiblira la cohésion sociale au lieu de la renforcer.

Une fois la nécessité d'un pacte de vie commune admise, il reste à fixer les modalités de son actualisation périodique. Compromis fragile, le savoir-vivre ensemble est sujet à renégociation, qu'il s'agisse de définir ce qui, dans la culture du pays d'accueil, fait partie du noyau dur de valeurs auquel toute personne est censée adhérer, ou ce qui peut être légitimement contesté et refusé ; que l'on considère telle ou telle composante de la culture d'origine des immigrés comme « une dot précieuse » ou au contraire comme une « tare indélébile ». Dans ce débat autour de la norme collective et de son sens, l'enjeu est bien celui de la participation des minorités, nationales ou étrangères, dont le point de vue est encore trop souvent méconnu ou méprisé par la majorité.

Dans certaines villes, l'association des immigrés à la gestion publique a permis d'enregistrer des progrès réels dans la régulation des problèmes sociaux. Plus cette participation au management municipal est élargie, moins l'indice de conflictualité intercommunautaire est élevé. Malgré des initiatives prometteuses, cette pédagogie interculturelle reste malheureusement anecdotique. Pourtant, comment espérer que la société intègre l'immigrant et se défende contre l'intolérance et le racisme sans promouvoir une connaissance maîtrisée de l'autre, une véritable « culture des cultures » qui permettrait de célébrer les différences sans les sanctuariser ? Là encore, l'école peut contribuer à remplir cette mission « en amenant les jeunes à assimiler ce qu'est une culture au sens anthropologique, à comprendre le point de vue de l'autre même si on ne le partage pas – ce qui implique une intelligence correcte du relativisme –, à légitimer l'identité culturelle tout en empêchant sa sacralisation, [...] à assurer le respect des différences dans le cadre d'un système d'attitudes autorisant leur dépassement ».

Le primat des droits individuels

L'octroi de droits collectifs ne peut concurrencer le renforcement des droits individuels. Par cette proposition, on entend la nécessité de concilier trois exigences souvent présentées comme contradictoires. Tout d'abord, l'égalité *effective* des droits et des devoirs de personnes qui vivent ensemble dans une société donnée, indépendamment de leur nationalité. Ensuite, le droit à l'expression de l'identité des minorités nationales ou des groupes issus de l'immigration. Enfin, la liberté pour les individus de choisir leur appartenance identitaire, indépendamment de leur origine ethnique ou culturelle, voire de leur situation juridique. Là encore, il s'agit d'un garde-fou nécessaire pour prévenir les risques d'enfermement communautaire et les mécanismes d'assignation à résidence identitaire. D'un côté, il convient de prendre en compte autant de différences que nécessaire; de l'autre, il importe de garantir autant d'égalité que possible.

Dans la littérature spécialisée, le point de vue ontologique qui affirme le primat de l'individu sur le groupe est minoritaire. De nombreux auteurs mettent au contraire l'accent sur l'importance de la «communauté constitutive» à partir de laquelle chaque individu construit son identité. Pourtant, aucune appartenance n'est définitive. Souvenons-nous de la formule d'Edmond Jabès : «Ne te crois jamais arrivé car, partout, tu es un voyageur en transit.» Ou, pour en citer une plus récente, celle du sociologue Michel Giraud : «L'identité ne procède pas de l'intolérance sacrée de la racine mais de l'inquiétude de la relation.» Il convient donc de réaffirmer avec force le principe de l'égalité totale des droits et des devoirs fondamentaux pour tous les individus, indépendamment de leurs appartenances ethniques ou culturelles. Partager une origine ethnique ou une revendication identitaire ne garantit ni une communauté de sentiments ni une convergence d'intérêts. Seule la protection juridique des droits individuels peut permettre de prémunir les personnes contre les prescriptions sociales attachées à telle ou telle appartenance collective. Dans nos sociétés modernes, cette protection est en principe garantie par la qualité de citoyen – qu'il faudra bien un jour détacher de tout critère de nationalité au profit du seul critère de résidence –, laquelle implique l'octroi de droits aux individus *contre* certaines exigences de minorités particulières. En matière culturelle, la citoyenneté pourrait ainsi garantir «le droit de choisir librement son (ou ses) appartenance(s), son (ou ses) affiliation(s) culturelle(s) et de révoquer ses choix quand on le désire. Chaque individu devrait aussi, poursuit Marco Martiniello, respecter les choix culturels et identitaires des autres.»

Pour autant, il ne s'agit pas d'écarter toute possibilité d'accorder des droits à des minorités *en tant que* communautés – des droits spéciaux de représentation pour les groupes désavantagés, des droits multiculturels pour les immigrants, des droits à l'autonomie pour les minorités nationales ou des «droits religieux». Dans toute société qui se réclame d'un idéal démocratique, ces droits collectifs ont à la fois un rôle de compensation devant des inégalités socio-ethniques parfois criantes, et souvent de rempart contre les extrémismes. Selon les situations, ce mariage des droits individuels et des droits collectifs peut parfaitement répondre aux exigences sociales, à condition toutefois de subordonner strictement le respect des premiers aux garanties apportées aux seconds. L'accommodation des différences, chère à Charles Taylor, génère ainsi un double mouvement : garantir aux uns un véritable droit à la différence, et aux autres un droit égal à l'indifférence, indépendamment de toute appartenance ethnique ou culturelle. Un jeune Turc né en Allemagne devrait, par exemple, pouvoir choisir en toute liberté son itinéraire identitaire sans être assigné à résidence communautaire par la société dans laquelle il vit au vu du seul critère de son origine ethnique ou culturelle. Il appartient au contraire à chaque génération d'Allemands de dire ce qu'est un Allemand, c'est-à-dire d'élargir la définition héritée, de l'amender et la renouveler, en tenant compte des transformations socioculturelles de la population globale qui vit en Allemagne et en contribuant de fait à en définir l'identité nationale.

L'exigence de justice sociale

La reconnaissance de la diversité culturelle et identitaire gagne à être articulée au combat contre les inégalités économiques et sociales. Le traitement politique de la question culturelle est encore trop souvent dissocié de la gestion publique de la question sociale. À quelques exceptions près, les analyses en la matière se divisent en deux catégories : d'une part, celles qui interprètent les affirmations identitaires comme des phénomènes autonomes et occultent plus ou moins leur dimension économique et sociale ; d'autre part, celles qui soulignent les déterminants sociaux et économiques des revendications identitaires et récusent leur autonomie relative. Or, la quête d'une société multiculturelle plus harmonieuse et conviviale recoupe la question de la justice sociale et de la lutte contre les inégalités. Les processus de formation et d'affirmation identitaire sont en effet étroitement liés aux phénomènes d'exclusion et de recomposition propres aux inégalités économiques. Dans la grande majorité des cas, nous l'avons vu, les réclamations identitaires sont des mises en forme ethniques et culturelles de demandes égalitaires insatisfaites. Ces revendications traduisent toujours des déficits de citoyenneté, lesquels sont intensément vécus et ressentis par certains groupes stigmatisés et victimes d'une double mise à l'écart socio-économique et culturelle.

Les États-Unis sont particulièrement représentatifs de cette éviction du problème des inégalités socio-économiques, tant le traitement politique de la diversité culturelle et identitaire l'emporte dans ce pays sur les programmes publics qui tentent de réduire les disparités économiques et sociales. Les revendications multiculturelles y sont d'autant plus prospères que les politiques sociales sont réduites à la portion congrue. L'attrait des appels communautaires est alors directement lié au démantèlement progressif des programmes sociaux et aux écarts de niveau de vie entre les différentes composantes de la population. Le succès populaire de la *Million Man*

March, organisée en 1995 par Louis Farrakhan, leader du mouvement *Nation of islam*, est moins représentatif de l'adhésion subite d'un million de Noirs aux délires politico-religieux d'un personnage hautement controversé, que de la permanence du profond malaise des Afro-Américains au sein d'une société où la barrière de la couleur sévit encore dans tous les compartiments de la vie sociale.

Dans un petit livre en forme de bilan, John Hope Franklin appelle l'attention sur le fossé qui continue de diviser les Noirs et les Blancs aux États-Unis. Des domaines du logement à celui de l'emploi, de l'éducation aux revenus, de la santé à la mobilité sociale, les indicateurs sont largement défavorables aux personnes de couleur. Selon Loïc Wacquand, c'est pourtant l'inégalité devant le système pénal qui donne le mieux la mesure du gouffre qui sépare les Noirs de leurs concitoyens et de l'impact social de la criminalisation de la misère. «Depuis 1991, et pour la première fois, les prisons des États-Unis enferment moins de Blancs que de Noirs : ces derniers pèsent 12 % dans la population du pays mais fournissent 53 % de ses détenus. Cette même année, le taux d'incarcération des Afro-Américains s'élevait à 1895 pour 100 000 après un triplement en douze ans, soit presque sept fois le taux des Blancs (293 pour 100 000) et vingt fois les taux enregistrés dans les pays d'Europe. [...] L'emprisonnement massif et sommaire des jeunes Noirs pauvres sert de palliatif bon marché (à court terme) aux carences grossières de la politique sociale du pays, mais au prix de dommages irréparables infligés à la communauté afro-américaine urbaine.»

À l'évidence, les politiques multiculturelles perdent de leur impact si elles ne sont pas étroitement articulées à des programmes de lutte contre les inégalités sociales et économiques. À quoi bon en effet célébrer les différences culturelles tout en laissant fleurir les inégalités sociales alors que les premières chevauchent souvent les secondes ? Quelle peut être la portée d'un projet de démocratie multiculturelle qui n'aurait aucun contenu social alors qu'il est censé être le couronnement d'une société à la fois plus égale et plus juste ? Quel pourrait être le profit d'une reconnaissance symbolique de la diversité culturelle et identitaire si elle n'est pas adossée à une politique d'égalité des chances ? Autant de questions auxquelles les pouvoirs publics seront contraints d'apporter des réponses sous peine d'exposer la vie commune aux dérives meurtrières des pressions identitaires.

Savoir vivre au pluriel suppose donc à la fois un approfondissement des valeurs cardinales de la démocratie en direction d'une ouverture raisonnée à la diversité culturelle et identitaire, mais surtout une meilleure répartition des ressources entre les personnes. Nos sociétés contemporaines sont loin de satisfaire à ces deux exigences malgré les menaces directes que la révision à la baisse des politiques sociales fait peser sur leur équilibre interne. Il est cependant impossible qu'elles puissent persister à ignorer durablement ces avertissements, compte tenu des profondes mutations économiques auxquelles elles sont soumises ainsi que de leur extrême fragmentation sociale et culturelle. Face au pessimisme de la raison du chercheur, il convient alors de mobiliser l'optimisme de la volonté du militant car, selon la belle formule du poète, là où croît le péril de l'homme, croît aussi ce qui peut le sauver.

ANNEXES

Glossaire

Table des références

Bibliographie

Index

Glossaire

Accommodation : dans la théorie de l'État multiculturel de Charles Taylor, les demandes d'accommodement et de reconnaissance des différences forment la base du dialogue démocratique entre minorités et majorité. Une telle discussion doit permettre l'actualisation permanente et pacifique du code de vie commune de telle sorte que celui-ci soit susceptible de garantir aux différents styles de vie une place égale dans la société.

Acculturation : processus de changement culturel qui résulte des contacts entre des groupes de cultures différentes.

Affirmative action **:** littéralement, « action positive ». Ce type d'action publique est matérialisé par un ensemble de mesures préférentielles, notamment appliquées aux domaines de l'emploi et de l'éducation, qui ont été mises en place dans les années 60 par l'administration Lyndon B. Johnson, au lendemain du mouvement pour les droits civiques. De telles dispositions visent à garantir une égalité effective des droits et des chances pour les Noirs américains, puis pour les autres minorités et les femmes. Par la suite, cette politique préférentielle est devenue un enjeu majeur de la reconnaissance ainsi que de la promotion de la diversité culturelle et identitaire aux États-Unis.

Afrocentrisme : apparu en réaction à l'*eurocentrisme* avec lequel il fait couple, l'afrocentrisme est un mouvement culturel d'affirmation identitaire qui vise à promouvoir la dignité de l'homme noir et des traditions d'origine africaine ainsi qu'à valoriser les contributions afro-américaines à l'histoire, aux arts et aux lettres des États-Unis. Ce mouvement animé par des intellectuels (Leonard Jeffries, Molefi Kete Asante) n'est pas sans ramifications sociopolitiques, des tendances les plus radicales (Louis Farrakhan et sa *Nation of Islam*) aux plus modérées (Jesse Jackson).

Altérité : terme philosophique qui désigne la différence de l'autre dans ce qu'elle a de plus irréductible et incommensurable. Dans le débat autour du multiculturalisme, il est souvent discuté en référence au concept antonyme de *civilité*.

Assimilation(nisme) : illustrée par le mythe du *melting-pot* américain et le modèle français d'intégration, cette doctrine sociopolitique se situe aux antipodes des perspectives multiculturelles. Elle préconise en effet l'effacement des différences ethniques au nom d'un civisme conçu comme un universel et lié à la Déclaration des droits de l'homme.

Civilité : attachement commun à l'ordre social et responsabilité envers lui en dépit de la divergence d'intérêt des citoyens. Dans le débat autour du multiculturalisme, il s'agit de trouver un point d'équilibre entre civilité et altérité.

Communautariens : apparu en Amérique du Nord à la fin des années 70, le mouvement communautarien est un courant de pensée en passe de devenir une véritable idéologie qui propose un retour vers les valeurs familiales, religieuses et culturelles ainsi que la reconstruction du lien social sur le modèle du lien intercommunautaire. Le communautarisme apparaît ainsi, aux yeux de ses tenants, comme un modèle alternatif au modèle libéral en crise.

Dialogique (négociation) : littéralement, « qui est en forme de dialogue ». Selon Charles Taylor, les identités découlent toujours de relations dialogiques avec les autres, c'est-à-dire d'un système d'échanges entre des individus et un environnement donné, au long d'une dialectique du « donner » et du « recevoir ».

Différentialisme : une société démocratique doit traiter tous ses membres comme des égaux. Selon les différentialistes, il convient cependant d'aller plus loin dans la reconnaissance de leurs spécificités culturelles et dans la prise en compte de leur différence pour permettre à leur identité de s'épanouir librement et respecter ainsi leur dignité.

Égalité des chances : dans les sociétés qui se réclament d'idéaux démocratiques, l'égalité politique et civique garantit à chaque citoyen les mêmes droits et les mêmes devoirs devant la loi. Or, cette égalité juridique ne résiste pas à l'épreuve des faits. Par égalité des chances, on désigne donc l'ensemble des mesures susceptibles de corriger les inégalités de fait entre individus afin de garantir à tous des droits effectifs et équivalents.

Ethnicité : cette notion revêt au moins deux significations complémentaires. L'ethnicité symbolique marque l'appartenance à une culture, manifeste une quête de racines, exprime une affirmation identitaire. L'ethnicité instrumentale est, quant à elle, invoquée pour lutter contre les inégalités matérielles. Il y a donc deux formes d'ethnicité qualitativement différentes même si elles peuvent se recouper : l'une se conçoit comme une quête d'identité et l'autre comme une lutte pour l'égalité.

Eurocentrisme : attitude ethnocentriste qui valorise et/ou se réfère exclusivement aux normes européennes pour comprendre et évaluer un système social différent.

Intégration : en sociologie, ce concept qualifie un processus multiforme – qui se traduit par un ensemble d'interactions sociales et provoque chez des individus un sentiment d'identification à une société et à ses valeurs – grâce auquel la cohésion sociale d'une collectivité est préservée.

Identité : contrairement à l'opinion commune qui la rattache à l'immuable et au naturel, l'identité est avant tout une construction sociale dynamique et en perpétuel devenir. Elle tient du mythe et de l'idéologie et se façonne dans une situation déterminée, en fonction d'enjeux de pouvoirs.

Libéraux : dans le monde anglo-saxon, John Rawls, auteur de la *Théorie de la Justice*, est le chef de file du courant libéral – au sens français du terme. Récusant les préceptes des communautariens, les « libéraux » se situent du côté de la « raison », du « juste » et de « l'individu », plutôt que de « l'émotion », du « bien » et de la « communauté ». Selon cette perspective philosophique, le sujet libre se définit par sa capacité à effectuer des choix personnels, en toute indépendance par rapport à sa communauté d'origine, par exemple comme consommateur sur un marché ou comme citoyen sur une scène politique.

***Melting-pot* :** dans l'histoire des États-Unis, cette expression, empruntée à la pièce du dramaturge anglais Israel Zangwill, *Melting-pot* (1908), désigne le principe d'intégration des populations immigrées et file la métaphore du creuset, c'est-à-dire celle de la fusion des races ou de l'amalgame de tous les individus en un bloc national indifférencié.

Métissage : processus de miscégénation biologique (croisement des « races ») et d'acculturation (syncrétisme des cultures).

Minorités : groupes qui sont en position d'infériorité – numérique, ethnique, économique, culturelle ou linguistique – au regard des communautés dominantes qui les excluent, plus ou moins volontairement, de la participation à la vie sociale.

Mode de vie : dans la sociologie du quotidien, un mode de vie est l'ensemble des individus qui réalisent la même activité. Voir « Style de vie ».

Mondialisation : processus d'accélération et de libération des échanges internationaux dans les domaines de la circulation de l'information, des capitaux et des personnes.

Phénotype : ensemble des caractéristiques physiques apparentes d'une personne qui en fait un être biologique unique. À distinguer du patrimoine génétique d'un individu, nommé génotype.

Pluralisme culturel : 1. caractérisation sociologique d'un type de société dans laquelle coexistent des groupes culturels et/ou religieux, marqués par des styles de vie distinctifs et des demandes sociales particulières ; 2. doctrine qui préconise qu'une société soit organisée en fonction des différentes communautés culturelles qu'elle regroupe, en leur appliquant des lois particulières et en leur attribuant des ressources spécifiques. Voir « Communautarisme » et « Différentialisme ».

« Politiquement correct » : code linguistique visant à lutter contre les expressions, qualifications, ou énoncés dépréciatifs qui pourraient porter atteinte à l'image ou à la dignité d'un groupe particulier. Il est ainsi préconisé de bannir du langage quotidien les termes liés à des discriminations de quelque nature qu'elles soient – physique, ethnique ou culturelle – et de les remplacer par des termes euphémisés ou plus neutres.

Reconnaissance (théorie ou modèle) : selon Charles Taylor, la reconnaissance des identités est une exigence démocratique, et ce en vertu de quatre arguments : 1. L'appartenance à une culture ou à une communauté structure fortement la personnalité d'un individu ; 2. La diversité des cultures est une richesse qui doit être préservée, car aucune d'entre elles ne peut se prétendre supérieure et universelle ; 3. Un code de vie commune doit tenir compte des conceptions du « bien » et du « juste » des groupes culturels qui constituent une collectivité donnée ; 4. Dans une société pluriethnique, les cultures ne doivent pas simplement être tolérées et reléguées à la sphère du privé, elles exigent également d'être reconnues dans l'espace public, notamment sous la forme de l'octroi de droits collectifs spécifiques aux minorités.

Style de vie : dans la sociologie du quotidien, le style de vie désigne l'ensemble des activités réalisées par un individu, qu'il s'agisse de loisirs, d'habitudes alimentaires ou vestimentaires, etc. Voir « Mode de vie ».

Tolérance : attitude d'ouverture face aux opinions et aux comportements d'autrui. Tolérer signifie ne pas interdire alors qu'on le pourrait, mais sans aller jusqu'à une reconnaissance positive. Ainsi, dans une société de type assimilationniste, les minorités sont libres de cultiver leurs différences dans l'espace privé, mais elles sont tenues de se soumettre aux normes de la culture dominante dans l'espace public. La tolérance s'arrête là où l'ordre social pourrait être menacé, et la ligne de partage entre le tolérable et l'intolérable est l'enjeu de l'affrontement entre les groupes minoritaires et la majorité. Voir « Reconnaissance ».

Table des références

p. 24 : J. Leca, « La démocratie à l'épreuve des pluralismes », *Revue française de science politique*, (n° 46) 2, 1996, p. 268.

p. 26-27 : M. Wieviorka, *Le Traitement multiculturaliste de la différence culturelle*, communication inédite présentée lors du séminaire intitulé « La citoyenneté à l'épreuve des différences », université des Antilles et de la Guyane, Schoelcher, Martinique, mars 1997, p. 3.

p. 32 : J. Césari, *Être musulman en France. Associations, militants et mosquées*, Karthala/IREMAM, 1994, p. 232.

p. 35 : M. Martiniello, *Sortir des ghettos culturels*, Presses de Sciences Po, « la bibliothèque du citoyen », 1997, p. 51.

p. 44 : C. Taylor, *Le Malaise de la modernité*, Cerf, « Humanités », 1994, p. 10.

p. 47 : A. Semprini, *Le Multiculturalisme*, PUF, « Que sais-je ? », 1997, p. 35.

p. 49 : S. Jerushalmy et R. Zbignigwiuw, *The PC Manifesto. Featuring a PC Primer and Revised PC Lexicon*, 1992.

p. 50 : A. Semprini, *op. cit.*, p. 43.

p. 57-58 : X. Philippe, «Les discriminations positives. Afrique du Sud», *Annuaire international de justice constitutionnelle*, n° XII, *Economica*, 1997, p. 54-55.

p. 60 : F. Chambon, «Nelson Mandela tire un bilan mitigé de ses cinq années de pouvoir en Afrique du Sud», *Le Monde*, 6 février 1999, p. 6.

p. 63-64 : A. Graham, cité dans S. Diouf-Kamara, «Multiculturalisme : union ou division ?», *Hommes et Migrations*, n° 1162-1163, fév.-mars 1993, p. 22.

p. 67 : M. Kete Asante, «African Dreams», *Newsweek*, 23 septembre 1991, p. 27.

p. 68 : Litanie récitée par les enfants de l'école africaniste Shule Mandela de Palo Alto, en Californie, citée dans S. Diouf-Kamara, *op. cit.*, p. 25.

p. 71 : London institute for racial studies, rapport Macphearson, Londres, 1999.

p. 71 : Haut Conseil à l'intégration, *Lutter contre les discriminations. Faire respecter le principe d'égalité. Rapport au premier ministre*, La Documentation Française, 1998.

p. 73 : Projet UNESCO-MOST, «Les transformations sociales : sociétés multiculturelles et multiethniques», *Revue internationale des sciences sociales*, UNESCO-ÉRÈS, n° 156, juin 1998, p. 212 sq.

p. 78-79 : T. Sawyer, cité dans S. Diouf-Kamara, «Aux USA, la racialisation de l'autre», *Hommes et migrations*, n° 1190, septembre 1995, p. 31.

p. 82 : P. Bourdieu, *Questions de sociologie*, Minuit, 1980, p. 21.

p. 89 : A. Maalouf, *Identités meurtrières*, Grasset, 1998, p. 56.

p. 90 : *Ibid.*, p. 58.

p. 91 : C. Camilleri, « Différences culturelles et laïcité », *Hommes et migrations*, n° 1129-1130, fév.-mars 1990, p. 37, cité dans M. Giraud, « La démocratie entre le particulier et l'universel », *Les Sociétés pluriculturelles*, G. Gosselin, H. Ossebi (dir.), L'Harmattan, 1994, p. 124.

p. 92 : E. Jabès, *Le Livre des questions*, Seuil, 1971, p. 129.

p. 92 : M. Giraud, « Les identités antillaises, entre négritude et créolité », *Cahiers de l'Amérique latine*, n° 17, 1995, p. 147.

p. 93 : M. Martiniello, *op. cit.*, p. 106.

p. 96 : J. Hope Franklin, *The Color Line : Essay for the Twenty-First Century*, Columbia, University of Missouri Press, 1993, p. 13-14.

p. 96 : L. Wacquand, « Reposer le problème noir américain », *Actes de la recherche en sciences sociales*, n° 111-112, mars 1996, p. 124.

Bibliographie

(Malgré l'écrasante domination de la littérature anglo-saxonne sur le sujet, les ouvrages en langue française ont été autant que possible privilégiés)

Histoire des idées, philosophie, théorie politique

CRESPI, F., SEGATORI, R. (dir.), *Multiculturalismo e democracia*, Rome, Donzelli, Centauri, 1996.

ELSTER, J. (dir.), *The Multiple Self*, Cambridge, Cambridge University Press, 1985.

GOLDBERG, D. (dir.), *Multiculturalism. A Critical Reader*, Oxford, Blackwell, 1994.

HABERMAS, J., *L'Intégration républicaine. Essai de théorie politique*, Fayard, « L'espace du politique », 1998.

KYMLICKA, W., *Multicultural Citizenship*, Oxford, Clarendon Press, 1995.

MACINTYRE, A., *Après la vertu*, PUF, « Léviathan », 1997.

MESURE, S., RENAUT, A., *Alter ego. Les paradoxes de l'identité démocratique*, Aubier, « Alto », 1999.

REX, J., *Ethnic Minorities in the Modern Nation State. Working Papers in the Theory of Multiculturalism and Political Integration*, Londres, Macmillan Press, 1996.

ROSENFELD, M., *Affirmative Action and Justice. A Philosophical and Constitutional Inquiry*, Yale University Press, 1991.

SANDEL, M., *Democracy's Discontent : America in Search of a Public Philosophy*, Cambridge, Belknap Press, 1995.

SEMPRINI, A., *Le Multiculturalisme*, PUF, « Que sais-je ? », 1997.

TAYLOR, C., *Les Sources du moi : la formation de l'identité moderne*, Seuil, « La couleur des idées », 1998.

TAYLOR, C., *Le Malaise de la modernité*, Cerf, « Humanités », 1994.

TAYLOR, C., *Multiculturalisme : différence et démocratie*, Flammarion, « Champs », 1997.

WALZER, M., *Traité sur la tolérance*, Gallimard, « NRF », 1998.

Anthropologie, sociologie, essais politiques

AMSELLE, J.-L., *Vers un multiculturalisme français. L'empire de la coutume*, Aubier, 1996.

Association française des anthropologues, *Vers des sociétés pluriculturelles*, ORSTOM, 1986.

BISSOONDATH, N., *Le Marché des illusions. Les méprises du multiculturalisme*, Montréal, Boréal-Liber, 1995.

CARTER, S., *Reflections of an Affirmative Action Baby*, New York, Basic Books, 1991.

CONSTANT, F., *La Citoyenneté*, Montchrestien, « Clefs. Politique », 1998.

GALLISSOT, R. (dir.), *Pluralisme culturel en Europe : cultures européennes et culture des diasporas*, L'Harmattan, « L'homme et la société », 1993.

GEISSER, V., *Ethnicité républicaine. Les élites d'origine maghrébine dans le système politique français*, Presses de Sciences Po, 1997.

GITLING, T., *The Twilight of Common Dreams. Why America is Wracked by Culture Wars ?*, New York, Owl Books, 1996.

GLAZER, N., *We are all Multiculturalists Now*, Cambridge, Havard University Press, 1997.

GOSSELIN, G., OSSEBI, H. (dir.), *Les Sociétés pluriculturelles*, L'Harmattan, « Logiques sociales », 1994.

HOLLINGER, D., *Postethnic America. Beyond Multiculturalism*, New York, Basic Books, 1995.

KASTORYANO, R. (dir.), *Quelle identité pour l'Europe ? Le multiculturalisme à l'épreuve*, Presses de Sciences Po, 1998.

KYMLICKA, W. (dir.), *The Rights of Minority Cultures*, Oxford, Oxford University Press, 1995.

LACORNE, D., *La Crise de l'identité américaine. Du*

melting-pot au multiculturalisme, Fayard, « L'espace du politique », 1997.

LIND, M., *The Next American Nation*, New York, Free Press, 1995.

LESTER, J. (dir.), *Diverse Identities. Classic Multicultural Essays*, NTC Publishing Group, Illinois, 1996.

MARTINIELLO, M., *Sortir des ghettos culturels*, Presses de Sciences Po, « La bibliothèque du citoyen », 1997.

PONS, X., *Le Multiculturalisme en Australie : au-delà de Babel*, L'Harmattan, 1996.

SCHNAPPER, D., *La Relation à l'Autre. Au cœur de la pensée sociologique*, Gallimard, 1998.

TAKAKI, R., *A Different Mirror. A History of Multicultural America*, Boston, Little Brown, 1993.

TOURAINE, A., *Pourrons-nous vivre ensemble ? Égaux et différents*, Fayard, « L'espace du politique », 1997.

TRIBALAT, M., *Faire France. Une enquête sur les immigrés et leurs enfants*, La Découverte, 1995.

WALZER, M., *What it Means to Be an American. Essays on the American Experience*, New York, Marsilio, 1996.

WEST, C., *Race Matters*, New York, Vintage Books, 1994.

WIEVIORKA, M. (dir.), *Une Société fragmentée ? Le multiculturalisme en débat*, La Découverte, « Cahiers libres », 1996.

Politiques publiques

ALUND, A., SCHIERUP, C.U., *Paradoxes of Multiculturalism*, Adelshot, Avebury, 1991.

BAUBÖCK, R., HELLER, A., ZOLBERG, A. (dir.), *The Challenge of Diversity. Integration and Pluralism in Societies of Immigration*, Adelshot and Vienna, Avebury and European Center, Vienne, 1996.

CALVÈS, G., *Les Politiques de discrimination positive*, La Documentation Française, « Problèmes politiques et sociaux », n° 882, 4 juin 1999.

Haut Conseil à l'intégration, *Lutter contre les discriminations. Faire respecter le principe d'égalité*, rapport au premier ministre, La Documentation Française, 1998.

HERO, R., *Latinos and the U.S. Political System. Two-Tiered Pluralism*, Philadelphie, Temple University Press, 1992.

LAPEYRONNIE, D., *L'Individu et les minorités. La France et la Grande-Bretagne face à leurs immigrés*, PUF, 1993.

TORRES, A., *Between Melting-pot and Mosaic. African Americans and Puerto Ricans in the New York Political Economy*, Philadelphie, Temple University Press, 1995.

SKRENTNY, J., *The Ironies of Affirmative Action. Politics, Culture and Justice in America*, Chicago, Chicago University Press, 1996.

SOWELL, T., *Preferential Policies : An International Perspective*, New York, William Morrow, 1990.

Index

Dans la même collection

Sciences

L'Antarctique de Claude Lorius et Roger Gendrin (n° 125)
L'Antimatière de Gabriel Chardin (n° 111)
L'Atome de Jean-Paul Auffray (n° 134)
Bactéries, Virus et Champignons de Laurence et Xavier Rolland (n° 123)
La Biosphère de Michel Lamy (n° 118)
Le Cerveau de Jacques-Michel Robert (n° 31)
Le Chaos d'Ivar Ekeland (n° 73)
La Chimie nouvelle de Pierre Laszlo (n° 49)
Le Climat de la Terre de Robert Sadourny (n° 28)
Deux Hémisphères, un cerveau de Jean-Louis Juan de Mendoza (n° 58)
Les Drogues de Denis Richard (n° 66)
L'Eau de Ghislain de Marsily (n° 51)
Les Éclipses de soleil de Laurent Petitbon (n° 194)
L'Énergie de Jean-Louis Bobin (n° 91)
L'Espace-Temps de Jean-Paul Auffray (n° 89)
Érosion et Paysages naturels de Jean Riser (n° 76)
Le Fœtus et son image de Marie-France Sarramon et Hélène Grandjean (n° 176)
La Forêt d'Yves Birot et Jean-François Lacaze (n° 24)
Les Galaxies de Danielle Alloin (n° 170)
Le Génie génétique, de l'animal à l'homme ? de Louis-Marie Houdebine (n° 102)
Le Génome humain de Charles Auffray (n° 114)
Les Hommes et leurs gènes d'Albert Jacquard (n° 37)
L'Infini en mathématiques de Norbert Verdier (n° 130)
La Logique de Gilles Dowek (n° 68)
La Maîtrise du vivant de Patrice Debré (n° 171)
Les Maladies génétiques de Philippe Labrune (n° 199)
La Mesure de Jean Perdijon (n° 186)
Le Noyau de la Terre de Jean-Paul Poirier (n° 110)

Les Océans de Jean-François Minster (n° 33)
Odeurs et Saveurs d'Alain Gullino (n° 149)
La Physique et l'Infini de Jean-Pierre Luminet et Marc Lachièze-Rey (n° 43)
La Physique quantique d'Étienne Klein (n° 99)
La Pollution atmosphérique de Gérard Mouvier (n° 34)
La Pollution des mers de Jean-Claude Lacaze (n° 97)
La psychologie est-elle une science ? d'Alain Lieury (n° 141)
Les Quasars de Daniel Kunth (n° 168)
La Radioactivité de Jean-Marc Cavedon (n° 103)
Les Rayons X : de l'astrophysique à la nanophysique d'Yves Petroff (n° 161)
La Relativité de Nayla Farouki (n° 10)
Les Sciences cognitives de Jean-Gabriel Ganascia (n° 82)
Sous l'atome les particules d'Étienne Klein (n° 13)
Le Système solaire de Thérèse Encrenaz (n° 21)
Le Système nerveux de Jacques Poirier (n° 164)
Système Terre d'Ichtiaque Rasool (n° 12)
Le Temps d'Étienne Klein (n° 52)
L'Univers d'Alain Blanchard (n° 54)
Végétation et Atmosphère de Bernard Saugier (n° 107)
La Vie dans le cosmos de François Raulin (n° 23)
Vie et Mort des étoiles de Agnès Acker et Ariane Lançon (n° 175)
Le Vieillissement, faits et théories de Ladislas Robert (n° 59)
Vivre avec les insectes de Pierre Ferron (n° 6)
Les Volcans de Claude Jaupart (n° 178)

Médecine

L'Adolescente et son corps de Lucien Chaby (n° 124)
L'Alcoolisme d'Alain Cerclé (n° 156)
Alimentation et Santé de Christian Rémésy (n° 44)
Les Allergies de Jean Bousquet et François-Bernard Michel (n° 56)
Anorexie, boulimie, obésité de Gérard Apfeldorfer (n° 53)

Bactéries, virus et champignons de Laurence et Xavier Rolland (n° 123)

La Bioéthique de Jean Bernard (n° 15)

Les Bonnes Calories de Christian Rémésy (n° 113)

Le Bruit d'Alain Muzet (n° 187)

Le Cerveau de Jacques-Michel Robert (n° 31)

La Chirurgie esthétique de Vladimir Mitz (n° 74)

Des groupes sanguins aux empreintes génétiques de Charles Salmon (n° 163)

La Douleur de Marc Schwob (n° 39)

Les Drogues de Denis Richard (n° 66)

Le Fœtus et son image de Marie-France Sarramon et Hélène Grandjean (n° 176)

Le Généraliste et son patient de Monique Guérin (n° 75)

Les Greffes d'organes de Laurent Degos (n° 19)

L'Insomnie de Jean-Michel Gaillard (n° 5)

Le Mal de dos de Xavier Phélip (n° 202)

La Maladie dépressive de Henri Lôo et Thierry Gallarda (n° 137)

Les Maladies génétiques de Philippe Labrune (n° 199)

La Maladie mentale, recherches et théories de Christian Spadone (n° 64)

La Médecine de demain de Jean Bernard (n° 84)

Le Médicament de Denis Richard et Jean-Louis Senon (n° 117)

Les Médicaments psychotropes de Christian Spadone (n° 139)

La Ménopause de Lucien Chaby (n° 47)

La Peau et son vieillissement de Philippe Franceschini (n° 38)

La Prévention des cancers de Maurice Tubiana (n° 131)

La Procréation médicalisée de Jacques Testart (n° 9)

La Responsabilité médicale de Guy Nicolas (n° 81)

Le Sang de Jean Bernard (n° 63)

La Schizophrénie de Nicolas Georgieff (n° 67)

La Sexualité féminine de Patricia Dupin et Frédérique Hédon (n° 182)
La Sexualité masculine de Sylvain Mimoun et Lucien Chaby (n° 88)
Le Sida de Raymond Daudel et Luc Montagnier (n° 40)
Le Système immunitaire de Louis Perrin (n° 127)
Le Système nerveux de Jacques Poirier (n° 164)
Les Traitements du sida de Patrice Debré (n° 148)
Vie et Mort des cellules de Patrice Debré (n° 171)
Le Vieillissement, faits et théories de Ladislas Robert (n° 59)

Techniques

L'Automobile, avenir d'une centenaire de Jean-Jacques Payan et Alfred Moustacchi (n° 185)
Le Bruit d'Alain Muzet (n° 187)
Des autoroutes de l'information au cyberespace de Serge Fdida (n° 132)
L'Espace pour l'homme de Pierre Léna (n° 1)
La Gestion des déchets de Philippe Pichat (n° 65)
L'Intelligence artificielle de Jean-Gabriel Ganascia (n° 4)
Internet de Luciano Floridi (n° 177)
Le Multimédia de Dominique Monet (n° 50)
Musiques, médias et technologies de Michel Chion (n° 45)
La Puce et l'Ordinateur de Emmanuel Rosencher (n° 46)
Les Rayons X : de l'astrophysique à la nanophysique d'Yves Petroff (n° 161)
Les Réalités virtuelles de Claude Cadoz (n° 32)
La Robotique de Georges Giralt (n° 136)
Les Sciences cognitives de Jean-Gabriel Ganascia (n° 82)

Société, éducation

L'Action humanitaire de Rony Brauman (n° 60)
L'Adolescente et son corps de Lucien Chaby (n° 124)
L'Alcoolisme d'Alain Cerclé (n° 156)
Apprendre de 0 à 4 ans de Pierre-Marie Baudonnière et Claudine Teyssèdre (n° 17)

Architecture et Modernité de Daniel Pinson (n° 100)
L'Auto et la Ville de Gabriel Dupuy (n° 71)
Les Banlieues de Hervé Vieillard-Baron (n° 121)
La Bioéthique de Jean Bernard (n° 15)
La Biosphère de Michel Lamy (n° 118)
Le Bruit d'Alain Muzet (n° 187)
Citoyenneté et politiques sociales d'Annick Madec et Numa Murard (n° 72)
Des autoroutes de l'information au cyberespace de Serge Fdida (n° 132)
Le Divorce de Colette Holstein (n° 86)
Les Drogues de Denis Richard (n° 66)
Le Droit des étrangers de Vincent Tchen (n° 179)
L'École de Henri Pena-Ruiz (n° 195)
École et Tiers Monde de Sylvain Lourié (n° 11)
L'Explosion démographique d'Albert Jacquard (n° 8)
La Franc-Maçonnerie de Pierre Simon (n° 153)
L'Homme et le Singe, psychologie comparée de Jacques Vauclair (n° 160)
L'Illettrisme de Véronique Espérandieu et Jean Vogler (n° 198)
L'Idéologie du New Age de Michel Lacroix (n° 98)
Les Indiens d'Amérique de Philippe Jacquin (n° 95)
Internet de Luciano Floridi (n° 177)
La Laïcité de Henri Pena-Ruiz (n° 183)
La Langue française d'Ada Giusti (n° 119)
Le Mal de Michel Lacroix (n° 166)
La Mémoire, du cerveau à l'école d'Alain Lieury (n° 2)
Le Métissage de François Laplantine et Alexis Nouss (n° 145)
Le Mimétisme et l'Imitation de Pierre-Marie Baudonnière (n° 150)
Le Multiculturalisme de Fred Constant (n° 204)
Nourrir les hommes de Louis Malassis (n° 16)
Orthographes, des systèmes aux usages de Jean-Pierre Jaffré et Michel Fayol (n° 140)

Le Paysage de François Béguin (n° 77)
Pères, mères, enfants de Christine Castelain-Meunier (n° 184)
Les Phobies de Christophe André (n° 203)
La Presse quotidienne de Philippe Robinet et Serge Guérin (n° 180)
Les Prisons de Jean Favard (n° 18)
La Psychanalyse de Michel Autiquet (n° 162)
La Psychologie de la perception de Manuel Jimenez (n° 129)
Le Racisme de Pierre-André Taguieff (n° 151)
Les Ressources de la mer de Jean Chaussade (n° 135)
Risque et Assurance de Pierre-André Chiappori (n° 116)
Les Sectes de Bernard Fillaire (n° 41)
Le Stress de Marc Schwob (n° 201)
Le Suicide de François Caroli et Marie-Jeanne Guedj (n° 200)
La Télévision de Jean Cluzel (n° 101)
Tests et Évaluation de l'intelligence de Marie Haddou (n° 189)
Travail salarié, travail indépendant de Michel Paysant et Fabrice Batty (n° 80)
Les 35 heures de Frédéric Lemaître (n° 197)
Les Troubles de la personnalité de Vittorio Lingiardi (n° 104)
Les Universités américaines de Pierre Laszlo (n° 87)
Vagabondage et Mendicité de Julien Damon (n° 172)
La Ville et l'Urbanisme de Jean-Paul Lacaze (n° 78)
Vivre après 60 ans de Maximilienne Levet (n° 69)

Droit, économie, politique

Administration et Pouvoir d'Odon Vallet (n° 70)
L'Aménagement du territoire de Jean-Paul Lacaze (n° 57)
L'Antarctique de Claude Lorius et Roger Gendrin (n° 125)
La Ve République de Jean Foyer (n° 61)
Les Circuits de l'épargne de Roland Monet (n° 115)

La Comptabilité de Jean-Guy Degos (n° 157)
Crimes et Lois de Jean de Maillard (n° 36)
La Démocratie de Guy Hermet (n° 133)
Le Divorce de Colette Holstein (n° 86)
Le Droit de François Terré (n° 190)
Le Droit des étrangers de Vincent Tchen (n° 179)
L'École de Henri Pena-Ruiz (n° 195)
L'Économie de marché de Roger Guesnerie (n° 93)
L'économie est-elle une science ? de Lionel Honoré (n° 146)
L'Entreprise de Michel Vigezzi (n° 144)
Environnement et Choix politiques de Dominique Dron (n° 55)
L'État et le Politique d'Odon Vallet (n° 30)
L'Euro de Philippe Sassier (n° 147)
Europe de l'Est, la transition économique de Jérôme Sgard (n° 142)
L'Europe et la Mondialisation de Frédérique Sachwald (n° 138)
Les Juges d'Yves Benhamou (n° 112)
La Justice face au crime international de Patrick Ramael et Alberto Perduca (n° 174)
La Maîtrise des finances publiques de Jean-Luc Mathieu (n° 152)
Les Marchés financiers de Jean Saint-Geours (n° 22)
La Monnaie de Jean Cartelier (n° 83)
Le Multiculturalisme de Fred Constant (n° 204)
La paix, demain ? de Federico Mayor (n° 62)
Peuples et États, l'équation impossible de Roland Breton (n° 159)
La Philosophie politique d'Anne Baudart (n° 106)
Les PME de Olivier Torrès (n° 193)
Politiques agricoles de Lucien Bourgeois (n° 3)
Les Politiques de l'emploi en Europe de Jean-Claude Barbier (n° 126)
Les Politiques du logement de Jean-Paul Lacaze (n° 143)
La Pollution des mers de Jean-Claude Lacaze (n° 97)

Les Prisons de Jean Favard (n° 18)
Quelles régions pour l'Europe ? de Jean Labasse (n° 25)
Le Racisme de Pierre-André Taguieff (n° 151)
La Responsabilité de Camille et Jean de Maillard (n° 192)
La Responsabilité médicale de Guy Nicolas (n° 81)
Les Ressources de la mer de Jean Chaussade (n° 135)
La science politique est-elle une science ? de Bruno Étienne et Béatrice Bonfils (n° 158)
Le Service public de Pierre Bauby (n° 154)
Les Sondages et la Politique de Jean de Legge (n° 167)
Les Transports au futur de René Joatton (n° 94)
Les 35 heures de Frédéric Lemaître (n° 197)

Religion, arts et culture

L'Art contemporain de Catherine Millet (n° 120)
Architecture et Modernité de Daniel Pinson (n° 100)
La Bande dessinée de Benoît Peeters (n° 14)
Le Bouddhisme de Bernard Faure (n° 109)
Le Cinéma de Youssef Ishagpour (n° 96)
Le Coran d'Azzedine Guellouz (n° 108)
La Franc-Maçonnerie de Pierre Simon (n° 153)
La Mort dans les religions d'Asie de Bernard Faure (n° 29)
L'Idéologie du New Age de Michel Lacroix (n° 98)
Illusionnisme et Magie de Stefan Alzaris (n° 191)
L'Inconscient de Christiane Lacôte (n° 181)
Les Indiens d'Amérique de Philippe Jacquin (n° 95)
Le Jazz de Philippe Hucher (n° 90)
Jésus-Christ de Michel Quesnel (n° 42)
La Laïcité de Henri Pena-Ruiz (n° 183)
La Langue française d'Ada Giusti (n° 119)
Lire la Bible de Roland Meynet (n° 92)
La Logique de Gilles Dowek (n° 68)
Le Mal de Michel Lacroix (n° 166)
La Métaphysique de Nayla Farouki (n° 79)
Le Métissage de François Laplantine et Alexis Nouss (n° 145)

La Morale et sa philosophie d'Anne Baudart (n° 165)
Musiques, médias et technologies de Michel Chion (n° 45)
Odeurs et Saveurs d'Alain Gullino (n° 149)
Le Paysage de François Béguin (n° 77)
La Philosophie politique d'Anne Baudart (n° 106)
Le Protestantisme de Laurent Gagnebin (n° 122)
Les Religions dans le monde d'Odon Vallet (n° 48)
Sagesses chinoises de Jean de Miribel et Léon Vandermeersch (n° 128)
Les Théories de la connaissance de Jean-Michel Besnier (n° 105)

Monde et civilisations

L'Afrique noire de Thérèse Pujolle (n° 26)
Allemagne d'Alfred Grosser et Hélène Miard-Delacroix (n° 27)
L'Amérique latine de Henri Favre (n° 173)
L'Asie du Sud-Est de Philippe Richer (n° 85)
Les Balkans de Paul Garde (n° 35)
La Chine de Lucien Bianco (n° 20)
L'Espagne de Jordi Bonells (n° 155)
Les Indiens d'Amérique de Philippe Jacquin (n° 95)
Le Japon de Paul Brunon et Henri-Claude de Bettignies (n° 169)
Le Moyen-Orient de Georges Corm (n° 7)
La Russie de Denis Eckert et Vladimir Kolossov (n° 188)

Achevé d'imprimer en septembre 2000
sur les presses de
l'Imprimerie Hérissey à Évreux
N° d'éditeur : FC 570502
N° d'imprimeur : 87857
Dépôt légal : janvier 2000